suhrkamp taschenbuch 1113

Robert Walser
Sämtliche Werke in Einzelausgaben
Herausgegeben von Jochen Greven

Dreizehnter Band

Robert Walser, 1878 in Biel in der Schweiz geboren, lebte als junger Dichter und Commis in Zürich und anderen Städten seiner Heimat, dann als freier Schriftsteller in Berlin, wiederum in Biel und schließlich in Bern. Er starb 1956, nach Jahrzehnten stiller Zurückgezogenheit als Anstaltspatient.

Robert Walsers Gedichte, die in diesem Band gesammelt sind, entstammen drei verschiedenen Perioden seines Schaffens und sind Zeugnisse entsprechend verschiedener künstlerischer Haltungen und Orientierungen. Mit seiner frühen Lyrik machte der kaum Zwanzigjährige 1898 sein Debut auf der literarischen Szene – ihr unverwechselbarer Ton weckte die Zustimmung von Josef Viktor Widmann, Franz Blei, Otto Julius Bierbaum und Rudolf Alexander Schröder, die zu seinen ersten Förderern wurden. Nach einer Reihe von Jahren, in denen er ausschließlich Prosa schrieb, entstand erneut eine kleinere Folge von Gedichten, die freilich in ihrer gewollten Schlichtheit den Ansprüchen lyrischer Modernität und Sprachkunst eine Absage erteilen. 1924 beginnt, nach wiederum mehrjähriger Pause, überraschend die so fruchtbare, vielförmige, in ihrer Eigenart aber häufig verwirrende und provokante späte Gedichtproduktion. Unbekümmert um formale und inhaltliche Konventionen mischt Walser hier Scherz und Ernst, Hohes und Triviales, parodistisches Spiel und kritische Reflexion. In einem Umfeld von Plauderei und argloser Versbastelei strahlen plötzlich wieder Bilder von großer originaler Kraft auf, Aussagen von bestürzender Unmittelbarkeit und Eindringlichkeit.

Robert Walser
Die Gedichte

Suhrkamp Verlag
Zürich und Frankfurt am Main

Nach dem von Robert Mächler herausgegebenen Band «Gedichte und Dramolette» (Band VII der Ausgabe «Das Gesamtwerk» in 12 Bänden, Suhrkamp Verlag Zürich und Frankfurt a.M. 1978) neubearbeitet von Jochen Greven.
Die Sammlung «Gedichte» erschien erstmals 1909 im Verlag Bruno Cassirer, Berlin. Ein Teil der späteren Gedichte wurde von Carl Seelig in der Auswahl «Unbekannte Gedichte»(Tschudy-Verlag St. Gallen, 1958) herausgegeben. Die erste – damals – vollständige Edition bot der von Robert Mächler herausgegebene Band «Gedichte und Dramolette» (Band XI in der Ausgabe «Das Gesamtwerk» Verlag Helmut Kossodo, Genf und Hamburg 1971). Die Sammlung «Saite und Sehnsucht» erschien erstmals 1979 im Suhrkamp Verlag, Zürich, herausgegeben von Elio Fröhlich.
Der Herausgeber dankt Herrn Robert Mächler für die Erlaubnis zur Verwendung seiner Kommentare.

Umschlagabbildung: Félix Vallotton.
Flut bei Houlgate (Ausschnitt), 1913

Klimaneutral
Druckprodukt
ClimatePartner.com/14438-2110-1001

8. Auflage 2022

Erste Auflage 1986
suhrkamp taschenbuch 1113
Mit Genehmigung der Inhaberin der Rechte,
der Carl Seelig-Stiftung Zürich
Suhrkamp Taschenbuch Verlag
Umschlag: Göllner, Michels, Zegarzewski
Druck: CPI books GmbH, Leck
Printed in Germany
ISBN 978-3-518-37613-3

www.suhrkamp.de

FRÜHE LYRIK
1897–1912

«GEDICHTE»
(SAMMLUNG VON 1909)

IM BUREAU

Der Mond blickt zu uns hinein,
er sieht mich als armen Kommis
schmachten unter dem strengen Blick
meines Prinzipals.
Ich kratze verlegen am Hals.
Dauernden Lebenssonnenschein
kannte ich noch nie.
Mangel ist mein Geschick;
kratzen zu müssen am Hals
unter dem Blick des Prinzipals.

Der Mond ist die Wunde der Nacht,
Blutstropfen sind alle Sterne.
Ob ich dem blühenden Glück auch ferne,
ich bin dafür bescheiden gemacht.
Der Mond ist die Wunde der Nacht.

LANGEZEIT

Ich tu mir Zwang,
zu scherzen und lachen.
Was soll ich machen?

Gewohnten Gang,
im müden Herzen,
gehn alte Schmerzen.

Ich muß den Hang,
zu weinen, bezwingen,
nebst andern Dingen.

ABEND (I)

Schwarzgelb im Schnee vor mir leuchtet
ein Weg und geht unter Bäumen her.
Es ist Abend, und schwer
ist die Luft von Farben durchfeuchtet.

Die Bäume, unter denen ich gehe,
haben Äste wie Kinderhände;
sie flehen ohne Ende
unsäglich lieb, wenn ich stille stehe.

Ferne Gärten und Hecken
brennen in dunklem Wirrwarr,
und der glühende Himmel sieht angststarr,
wie die Kinderhände sich strecken.

WINTERSONNE

Auf Wänden und an Mauern,
es wird nicht lange dauern,
brennt goldner Sonnenschein.

Der Tag hat aufgehoben,
was auf dem Land gewoben,
was Nacht und Nebel war.
Beruhigendes Lärmen,
Brustrecken, Händewärmen,
seliger Sonnenschein.
Nun hab' ich auch vergessen,
was lang auf mir gesessen,
was Schmerz und Schwere war.

WARUM AUCH?

Als nun ein solcher klarer
Tag hastig wieder kam,
sprach er voll ruhiger, wahrer
Entschlossenheit langsam:
Nun soll es anders sein,
ich stürze mich in den Kampf hinein;
ich will gleich so vielen andern
aus der Welt tragen helfen das Leid,
will leiden und wandern,
bis das Volk befreit.
Will nie mehr müde mich niederlegen;
es soll etwas
geschehen; da überkam ihn ein Erwägen,
ein Schlummer: ach, laß doch das.

MORGENSTERN

Ich mache das Fenster auf,
es ist dunkle Morgenhelle.
Das Schneien hörte schon auf,
ein großer Stern ist an seiner Stelle.

Der Stern, der Stern
ist wunderbar schön.
Weiß von Schnee ist die Fern',
weiß von Schnee alle Höhn.

Heilige, frische
Morgenruh in der Welt.
Jeder Laut deutlich fällt;
die Dächer glänzen wie Kindertische.

So still und weiß:
Eine große schöne Einöde,
deren kalte Stille jede
Äußerung stört; in mir brennt's heiß.

GEBET

Gebet ist heute nacht
mein allereinzigst Tun.
Ich hab' ihn ja vollbracht,
ich hab' ihn hingewacht,
den Tag, und kann jetzt ruhn.

DIE BÄUME (I)
(Eine Ballade)

Sie sollten nicht die Fäuste ballen,
meine Sehnsucht ist es, die sich ihnen naht;
nicht so zornerfüllt umherstehen,
meine Sehnsucht naht sich schüchtern ihnen;
nicht wie böse Hunde sprungbereit sein,
als wenn sie meine Sehnsucht zerreißen wollten;
nicht mit weiten Ärmeln drohen,
meiner Sehnsucht tut das weh.
Warum sind sie auf einmal umgewandelt?
Gleich groß und gleich tief ist meine Sehnsucht.
So schwer es ist, so drohend es ist:
ich muß zu ihnen gehn und bin schon da.

WELT (I)

Es lachen, es entstehen
im Kommen und im Gehen
der Welt viel tiefe Welten,
die alle wieder wandern
und fliehend, durch die andern,
als immer schöner gelten.

Sie geben sich im Ziehen,
sie werden groß im Fliehen,
das Schwinden ist ihr Leben.
Ich bin nicht mehr bekümmert,
da ich kann unzertrümmert
die Welt als Welt durchstreben.

HELLE

Graue Tage, wo die Sonne
sich wie eine blasse Nonne
hat gebärdet, sind nun hin.
Blauer Tag steht blau da oben,
eine Welt ist frei erhoben,
Sonn' und Sterne blitzen drin.

Alles das vollzog sich stille,
ohne Lärm, als großer Wille,
der nicht Federlesens macht.
Lächelnd öffnet sich das Wunder,
nicht Raketen und nicht Zunder
braucht's dazu, nur klare Nacht.

WIEGEN

Ich will nicht viel mehr machen,
als noch ein wenig wachen,
es ist so schön, allein
noch wach und reg' zu sein.
Ich kann ja halb schon liegen
und bis zum Schlaf mich wiegen
schon in den Traum hinein.

BRAUSEN

Es braust noch immer in der Welt,
das Brausen hört doch niemals auf;
ich liebe – niemals hört es auf,
es braust ein Lieben durch die Welt.

Und ob ich auch ein Feigling bin
und ob du auch ein Kranker bist:
du liebst, wenn du es auch nicht bist,
der liebt, ich liebe, wenn ich's auch nicht bin.

Es braust, und ich steh' horchend still,
ich weiß, ich hasse den und den,
es nützt mir nichts; wie ich auch will:
ich liebe alles, so auch den.

Dann gibt es Stunden, wo ich weiß,
daß wir vor Liebe alle heiß.

NICHT?

Ich liege im Zimmer, gequält
von schwarzen Erinnerungen.
Wie habe ich schwer gefehlt,
wie bin ich zu fehlen gezwungen.

Scheint denn die Sonne heut nicht?
Es liegen ja alle Armen
auf den Knien, mit ihren warmen
Herzen, die Angst im bangen Gesicht.

Scheint denn die Sonne heut nicht?

WIE IMMER

Die Lampe ist noch da,
der Tisch ist auch noch da,
und ich bin noch im Zimmer,
und meine Sehnsucht, ah,
seufzt noch wie immer.

Feigheit, bist du noch da?
und, Lüge, auch du?
Ich hör' ein dunkles Ja:
das Unglück ist noch da,
und ich bin noch im Zimmer
wie immer.

TIEFER WINTER

In die Fensterscheiben sind jene
unendlich zärtlichen, zarten
Blumen gegraben, als große Träne
hängt der gelbe Mond aus dem Nebelgarten.

Das ist ein Garten, die Welt, worin
jetzt alle Wollust gestorben
und Laut und Himmel verdorben.
Die Fensterblumen sind der erstarrte Sinn.

Auf die vielen weißen Dächer,
auf die Felder, die ebenso weiß sind,
weint der Mond, auch in Gemächer,
wo Menschen toll oder weis' sind.

SCHNEE (I)

Es schneit, es schneit, bedeckt die Erde
mit weißer Beschwerde, so weit, so weit.

Es taumelt so weh hinunter vom Himmel
das Flockengewimmel, der Schnee, der Schnee.

Das gibt dir, ach, eine Ruh', eine Weite,
die weißverschneite Welt macht mich schwach.

So daß erst klein, dann groß mein Sehnen
sich drängt zu Tränen in mich hinein.

ANGST (I)

Ich möchte,
die Häuser regten sich,
sie kämen auf mich los,
das wäre schauerlich.

Ich möchte,
mein Herz verdrehte sich,
und mein Verstand stünd' still,
das wäre schauerlich.

Das Schauerlichste möchte
ich pressen an mein Herz.
Ich sehne mich nach Angst,
nach Schmerz.

SCHÄFERSTUNDE

Hier ist es still, hier bin ich gut,
hier sind die Matten frisch und rein,
und Schattenplatz und Sonnenschein
sind sich wie artige Kinder gut.
Hier ist mein Leben aufgelöst,
das eine harte Sehnsucht ist,
ich weiß nicht mehr, was Sehnsucht ist,
hier ist mein Wollen aufgelöst.
Ich bin so still, so warm bewegt,
es ziehen Linien durchs Gefühl,
ich weiß nicht, alles ist Gewühl,
und doch ist alles widerlegt.
Ich höre keine Klagen mehr,
und doch ist Klage in dem Raum,
so sanfter Art, so weiß, so Traum,
und wieder weiß ich gar nichts mehr.
Ich weiß nur, daß es still hier ist,
entblößt von allem Drang und Tun,

hier bin ich gut, hier kann ich ruhn,
da keine Zeit die Zeit mir mißt.

HEIMKEHR (I)

An meinen Wangen brennt es heiß,
auf meiner Lippe bebt es noch,
weil ich mein Herz ihr übertrug
zum Sprechen; alle Sprache war
voll Irrtum und Befangenheit,
ein Übermut, ein jäher Klang.
So war mein Sprechen, ach, dies zeigt
sich auf der roten Wange noch,
die ich nach Hause trage jetzt.
Ich senke meinen Blick zum Schnee
und geh' vorbei an manchem Haus,
an mancher Hecke, manchem Baum,
der Schnee ziert Hecke, Baum und Haus.
Ich geh' vorbei, den Blick zum Schnee
gesenkt, an meiner Wange ist
nichts, als erinnerungsheißes Rot,
mich mahnend an die wüste Sprach'.

STILLE

Wie wär' ich froh, wenn irgendwo
nur still ich ruhen könnte;
Zufriedenheit, als warmes Kleid,
mir innre Stille gönnte.

Wie liebt' ich sie, wenn irgendwie
ich darin Trost empfände,
was sicher ist, da aller Zwist
in ihr ein Ende fände.

WEITER

Ich wollte stehen bleiben,
es trieb mich wieder weiter,
vorbei an schwarzen Bäumen,
doch unter schwarzen Bäumen
wollt' ich schnell stehen bleiben,
es trieb mich wieder weiter,
vorbei an grünen Wiesen,
doch an den grünen Wiesen
wollt' ich nur stehen bleiben,
es trieb mich wieder weiter,
vorbei an armen Häuschen,
bei einem dieser Häuschen
möcht' ich doch stehen bleiben,
betrachtend seine Armut,
und wie sein Rauch gemächlich
zum Himmel steigt, ich möchte
jetzt lange stehen bleiben.
Dies sagte ich und lachte,
das Grün der Wiesen lachte
der Rauch stieg räuchlich lächelnd,
es trieb mich wieder weiter.

SÜNDE

Ich sehe, wie sie leuchten,
die nacht- und morgenfeuchten,
erwärmten Wiesengründe.
Ich seh' die Sonne blenden,
ich sitze zwischen Wänden
und Mauern, es ist Sünde.

Es gehen helle Schatten
durch aufgeregte Matten,
die jetzt ein bunt Getäfel.
Ich sitze so gefangen
in Mißmut und in bangen
Gedanken, es ist Frevel.

IM MONDSCHEIN

Ich dachte gestern nacht,
die Sterne müssen singen,
als ich aufgewacht
und es leise hörte klingen.

Es war aber eine Handharfe,
die durch die Räume drang,
und durch die kalte, scharfe
Nacht klang es so bang.

Dachte so verlornem Ringen,
Gebeten und Flüchen nach,
und noch lange hört' ich es singen,
lag lang noch wach.

EIN LANDSCHÄFTCHEN

Dort steht ein Bäumlein im Wiesengrund
und noch viele artige Bäumlein dazu.
Ein Blättlein friert im frostigen Wind
und noch viele einzelne Blättlein dazu.
Ein Häuflein Schnee schimmert an Baches Rand
und noch viele weiße Häuflein dazu.
Ein Spitzlein Berg lacht in den Grund hinein
und noch viele schuftige Spitze dazu.
Und in dem allem der Teufel steht
und noch viele arme Teufel dazu.
Ein Englein kehrt ab sein weinend Gesicht
und alle Engel des Himmels dazu.

WEINENDEN HERZENS

Ich fühle tausend Dinge, wenn
ich an dich denke, Jesus.
Heiß wird mir, denn
dein Name ist ein verwirrender Kuß.

Du stehst noch immer im Schnee
und starrst, was die Armen wollen,

die Armen, die dir so weh
getan haben sollen.

Das taten jedoch nicht sie,
das Schauerliche deines Tods,
jene Einsamen, nein, nie!
das tat ein betrunkener Trotz.

Das taten rohe Gesellen,
die an Verkommenheit reich.
Die Armut hat mit den Quellen
deines Bluts nichts gemein, nichts gleich.

Ich will unter Armut verstanden
haben ein stilles Weh,
Menschen, die außer den Banden
der Tat, hingestreut, weich, wie Schnee.

Und starrend licht wie derselbe,
und Jesus sieht ihnen zu,
noch heute, seine gelbe
helle Haarwelle flattert ohne Ruh'.

Bisweilen kommt es dahin,
daß Jesus noch einmal lacht,
zärtlich, und mit wunderbarem Sinn
und beruhigend wie eine Nacht.

Am Morgen sind dann im Schnee
von ihm noch Fußstollen.
Er gehört den Armen, die ihm so weh
getan haben sollen.

AM FENSTER (I)

Das herzwarme Braun der Erde,
das kindliche Weiß darauf,
die silbergrüne Wiese jetzt
haben einen Traum in die Welt gesetzt,
den Traum des Lächelns.

Es streichelt meine Wangen
die Hand eines guten Menschen,
mein Auge ist selig blind,
ich würde sonst sagen können,
wessen Hände so zärtlich sind.

Den Traum des glücklichen Lächelns
haben die frauenhaft feinen,
zustimmend nickenden Farben
in die weite Welt gesetzt,
ich steh' am Fenster jetzt.

BEISEIT

Ich mache meinen Gang;
der führt ein Stückchen weit
und heim; dann ohne Klang
und Wort bin ich beiseit.

VOR SCHLAFENGEHEN

Da sich's doch wieder erfüllte,
da die Erde im schwärzesten Ruhn,
will ich nichts weiter tun,
als die tagüber verhüllte
Sehnsucht freudig öffnen nun.

ZU PHILOSOPHISCH

Wie geisterhaft im Sinken
und Steigen ist mein Leben.
Stets seh' ich mich mir winken,
dem Winkenden entschweben.

Ich seh' mich als Gelächter,
als tiefe Trauer wieder,
als wilden Redeflechter;
doch alles dies sinkt nieder.

Und ist zu allen Zeiten
wohl niemals recht gewesen.
Ich bin vergeßne Weiten
zu wandern auserlesen.

KNABENLIEBE

Das schöne Mädchen kam vorbei,
er kniete, als es langsam kam,
er kniete, und er sang es an

mit einem Lied zum Saitenspiel;
er trug ihr seine treue Lieb'
mit Wehmut und mit Lächeln vor;
sein Herz klang scheu im Saitenspiel,
das zitternd wie die Liebe klang,
sein Auge sah das Mädchen an,
die Zähne schimmerten im Mund,
mit dem er bebend, flehend sang.
Das Liebeslied ging nicht zu End';
endlos, wie seine Liebe, drang
aus ihm heraus der warme Ton.
So trug er seine Sehnsucht vor,
die Luft war lieb- und sinngeschwellt,
der blaue Himmel sah herab,
das Mädchen aber floh davon,
es war verschwunden, aber schon
starb auch der leise Liebeston.

ENTTÄUSCHUNG

Enttäuschung vergißt man nie,
wie der Lockruf des Glücks unvergeßlich ist.
Erinnern ist Sehnsucht, ach, sie,
weil sie so unermeßlich ist,
vergißt man nie.

DRÜCKENDES LICHT

Zwei Bäume stehen im Schnee,
der Himmel, müde des Lichts,
zieht heim, und sonst ist nichts
als Schwermut in der Näh'.

Und hinter den Bäumen ragen
dunkle Häuser hinauf.
Jetzt hört man etwas sagen,
jetzt bellen Hunde auf.

Nun erscheint der liebe, runde
Lampenmond im Haus.
Nun geht das Licht wieder aus,
als klaffte eine Wunde.

Wie klein ist hier das Leben
und wie groß das Nichts.
Der Himmel, müde des Lichts,
hat alles dem Schnee gegeben.

Die zwei Bäume neigen
ihre Köpfe sich zu.
Wolken durchziehn die Ruh'
der Welt im Reigen.

LEICHT GESAGT

Mögen sich die Stunden dehnen
wie der Himmel und mein Sehnen.
Schnell wie eines Namens Nennen
ist mein fliegendes Erkennen.
Schneller als der Stunden Blähen,
schneller als der Sehnsucht Flehen
ist des Drängens Überstehen.

BANGEN

Ich habe so lang gewartet auf süße
Töne und Grüße, nur einen Klang.

Nun ist mir bang; nicht Töne und Klingen,
nur Nebel dringen im Überschwang.

Was heimlich sang auf dunkler Lauer:
Versüße mir, Trauer, jetzt schweren Gang.

SEHT IHR

Seht ihr mich über Wiesen ziehn,
die steif und tot vom Nebel sind?
Ich habe Sehnsucht nach dem Heim,
dem Heim, noch nie von mir erreicht,
und auch von einer Hoffnung nicht
berührt, daß ich es jemals kann.
Nach solchem Heim, noch nie berührt,

trag' ich die Sehnsucht, nimmermehr
stirbt sie, wie jene Wiese stirbt,
die steif und tot vom Nebel ist.
Seht ihr mich angstvoll drüber ziehn?

UND GING

Er schwenkte leise seinen Hut
und ging, heißt es vom Wandersmann.
Er riß die Blätter von dem Baum
und ging, heißt es vom rauhen Herbst.
Sie teilte lächelnd Gnaden aus
und ging, heißt's von der Majestät.
Es klopfte nächtlich an die Tür
und ging, heißt es vom Herzeleid.
Er zeigte weinend auf sein Herz
und ging, heißt es vom armen Mann.

STUNDE

Die Stunde kommt, die Stunde geht;
in einer Stunde liegt so viel,
liegt der Gefühle Widerspiel,
liegt Sehnsucht, die wie Frühwind weht.
In einer Stunde spricht der Tag
sein Beten oder Fluchen aus,
und ich bin stets das arme Haus,
gefüllt mit Jubel oder Plag'.
In einer Stunde liegt die Welt
nichtsahnend, nichtsbegehrend so,

und ach, ich weiß nicht immer wo
sie ruht und schlummert, meine Welt.

MÜDIGKEIT

Entführ' mich, wie ich bin;
sieh, mein verirrter Sinn
weist von sich diese Welt,
die ihn nicht mehr erhellt.

Komm, o ich werde brav
und selig stille sein
in deinem dichten Schein,
heiliger, süßer Schlaf.

TRUG

Nun wieder müde Hände,
nun wieder müde Beine,
ein Dunkel ohne Ende,
ich lache, daß die Wände
sich drehen, doch dies eine
ist Lüge, denn ich weine.

GELASSENHEIT

Seit ich mich der Zeit ergeben,
fühl' ich etwas in mir leben,
warme, wundervolle Ruh'.

Seit ich scherze unumwunden
mit den Tagen, mit den Stunden,
schließen meine Klagen zu.

Und ich bin der Bürd' entladen,
meiner Schulden, die mir schaden,
durch ein unverblümtes Wort:
Zeit ist Zeit, sie mag entschlafen,
immer findet sie als braven
Menschen mich am alten Ort.

WINTERNACHT

Auf dem Schnee ist des Mondes Schein.
Am Himmel ist helle Nacht.
Die Sterne sind frisch erwacht.
Die Erde glänzt weiß und rein.

Ich schaue, ans Fenster gelehnt,
zum Himmel, in welchem es blitzt
von Sternen, im Herzen sitzt
mir Sehnsucht, die frisch sich sehnt.

ES IST NACHT

Es ist Nacht, und im Zimmer
hab ich der Lampe Schimmer.
Es ist Nacht, und im Herzen
hab ich der Unruhe Schmerzen.
Es ist Nacht, und im Sinne
habe ich selige Minne.

ROMANZE

Ach, wie Rosen warfen
sie mir Blicke zu,
die beiden Mädchen.
Ich heuchelte Ruh.

War so rot die Welt
oder errötete ich?
Ein brennend Geflüster
umschauerte mich.

Was tat ich – meine Hände
staken tief in den Hosensäcken.
Ein schnelles Vorbei erst
mußte aus der Glut mich erwecken.

Ich sah mich nicht um.
Ich dachte nur, wie Rosen
bebten ihre Blicke
dem Ruhelosen.

ZEIT

Ich liege hier, ich hab ja Zeit,
ich sinne hier, ich hab ja Zeit.
Der Tag ist dunkel, er hat Zeit,
mehr Zeit, als ich mir wünsche, Zeit
hab ich zu messen, lange Zeit.
Das Maß wird größer mit der Zeit.
Nur etwas übersteigt die Zeit,

das ist die Sehnsucht, keine Zeit
ist zeitig mit der Sehnsucht Zeit.

WIESENGRÜN

Hervorgetreten ist
aus hingegangnem Schnee
ein schönes Wiesengrün,
ein Grün, ein dunkles Grün.
Dasselbe scheint der Welt
als milde Sonne jetzt,
als wilde Sonne jetzt,
als warme Sonne jetzt.
Die rechte scheint ja nicht,
die rechte wärmt ja nicht.
Die rechte ist ja weg.
Viel dichte Wolken sind
vor ihrem Glanz, der nun
der Welt auch so nicht fehlt,
weil dunkles Wiesengrün
aus hingegangnem Schnee
als Sonne scheint der Welt.
Als Sonne wärmt die Welt,
als Sonne schmückt die Welt:
hervorgetretnes Grün.

ABEND (II)

Nicht nur am Himmel ist
ein weites Abendgrau.
Auch auf der ganzen Welt
ist weites Abendgrau.
Der Schnee ist abendstill.
Das Grün ist abendschön,
die Bäume ebenso,
die Häuser ebenso.
Und von den Häusern weg
steigt Rauch zur Abendluft,
die so voll Glück für mich.
Mein Glück ist Abendglück.

AM FENSTER (II)

Zum Fenster sehe ich
hinaus, es ist so schön,
hinaus, es ist nicht viel.
Es ist ein wenig Schnee,
auf den es regnet jetzt.
Es ist ein schleichend Grün,
das in ein Dunkel schleicht.
Das Dunkel ist die Nacht,
die bald in aller Welt
auf allem Schnee wird sein,
auf allem Grün wird sein.
Hin schleicht sich freundlich Grün
ins Dunkel, ach wie schön.
Am Fenster sehe ich's.

ALLES GRÜN

Die Wiesen ziehen leis
das sanfte Grün mit fort
und führen wieder her
das Grün, bald ist es nah
bald ist es wieder weit,
so weit, daß sich in mir
die Angst, die Sehnsucht regt.
Und Sehnsucht ist doch tot
und Bangen ist doch tot.
Die Wiesen ziehen leis
die tote Angst heraus
aus meinem Herzen, dann
wird wieder alles still.
Und alle Welt seh ich
mit schönen Wiesen voll.
Ich mag auch schaun, wohin,
mit grünen Wiesen voll
und nur mit Grün, mit Grün
das treulich stille hält,
ist voll die ganze Welt.

DAS GELIEBTE

Ich hebe die Gardine:
Ich sehe goldne Sonne
auf grünen Wiesen glänzen.
Ich sehe blauen Himmel
auf grünen Wiesen glänzen.

Ich sehe Sonn und Himmel
auf grüne Wiesen lachen.
Ich senke die Gardine
und seh mich um im Zimmer.
Das Zimmer ist voll Sonne.
Das Zimmer ist voll Himmel.
Wie schön ist das, Geliebte!
Ich spreche und ich lache:
mein Zimmer ist ein Himmel.
Ich liebe doch den Himmel.
Wie schön ist das, Geliebte!

SCHNEE (II)

Jetzt seh ich von der Welt
von Himmel und von Erd
nichts als den weißen Schnee.
Hier Schnee und wieder Schnee,
dort Schnee und wieder Schnee.
Ich sehe nichts vom Grün
als eine Fläche Schnee.
Ich sehe nichts vom Blau
als eine Weite Schnee.
Ganz weiß ist nun die Welt.
Erloschen ist die Welt.
Vergangen ist die Welt.
Wie sie vorher war, drängt
sie sich in mich hinein:
da stürmt ein quälend Grün,
da quillt ein weiches Blau
aus weitem Schnee in mich,

Ich steh herzklopfend still
im Zimmer, ach das ist
jetzt eine Welt voll Grün,
jetzt eine Welt voll Blau.

SO DURCH DIE BÄUME FÄLLT –

So durch die Bäume fällt,
so auf die Wiese fällt
jetzt eine Welt von Schnee
und macht die Welt zu Schnee.
So auf den Dächern liegt,
so in der Weite liegt
jetzt etwas Weiches, Lieb's,
jetzt tiefer, tiefer Schnee.

BLUMEN

Ich bange nach dem ersten Blumenstrauße,
nach einem Blumenstrauß, der köstlich
wie unbesorgtes Leben duftet.
Gleich kann es nicht sein, denn der Winter
ist allzusehr noch auf der Wiese,
die Sträuße gibt, doch meine Sehnsucht
pflückt jetzt schon hunderttausend Blumen.
Wie duften sie, wie necken alle
die kleinen zärtlichen Geschöpfe
in meiner Seele – Blumensträuße
sind jetzt das Bangen meiner Seele.

WINTERREGEN

Ich sehe weichen Regen
auf harte Wiesen fallen,
auf böse Bäume fallen,
auf dunkle Häuser fallen,
aus bangverwühltem Himmel,
auf die entschlafne Erde,
im Winter eingeschlafen.
Das soll nun anders werden.
Die Erde soll erwachen,
die Wiesen sollen schwellen,
die Bäume sollen milde
auf traute Häuser schauen
weil schwacher, milder Regen
aus bangverwühltem Himmel
besucht die Wintererde.

ALLES NACHT

Der Tag ist nun die Nacht,
da er voll Regen ist.
Der Schnee war heller Tag
und Kälte heller Tag.
Der Regen ist die Nacht.
Ein regenvoller Tag
ist also eine Nacht.
Schnee war so heller Tag.
In Schnee und Kälte war
gekleidet schöner Tag.
Tag ohne Schnee ist Nacht.

Nun macht die Regennacht
zur Nacht die ganze Welt,
auch mich zu schwerer Nacht.

ANGST (II)

In hellem stillem Zimmer
erdrücken weiche Stimmen
mein Herz zum Traumgewühle.
O hörte ich doch nimmer
den Zauberton so schwimmen
zuinnerst im Gefühle.

Doch wunderbares Rauschen
und seelenwehes Beben
durchdringt noch immer, immer
mein überschrecktes Lauschen
und wird zu bangem Leben
im hellen stillen Zimmer.

STIMMEN

In meinen Ohren
klingt so verloren
ein zartes Sausen,
ein fernes Brausen.

In meinem Innern
liegt ein Erinnern
an liebe Stunden,
die so verschwunden.

Es zittern meine
Augen, ich weine
ob leisem Singen,
ob süßem Klingen.

Die milden blassen
Herzstimmen lassen,
da sie umnachten,
ist jetzt mein Trachten.

SCHWERER MORGEN

In heißem, verwühltem Bett
verbrachte ich eine lange
Nacht, und ach, wie bange
ist es mir auch außer dem Bett.

Ich rüste mich traurig an
zu schwerem Lebensgange
und ich wehre dem süßen Hange
nach Trost, was liegt auch daran.

Man muß sich lenken, bezwingen,
so schwer es auch ist, so schwer
sich dagegen stemmt die Begehr
nach schmeichelndem tröstlichem Klingen.

FIEBER

Mein Herz klopft so sehr
Befreiung, Befreiung.
Mit Dunkel und Heilung
senkt der Abend sich schwer.

Es stürmt über mich
unsägliches Danken.
Hoffnung ranken
und regen sich;

Ich lasse sie lieb
dem Herzen schmeicheln
und die Wunde streicheln,
die brennend mir blieb.

DIE HOFFNUNG

Wie zieht sich in die Länge
aus kleiner stiller Enge
die Hoffnung tagelang.
Stets weiß sie sich zu winden,
ein Löchlein auszufinden,
durch das sie schlüpfen kann.
Mein Herz hat so viel Schwächen,
sie alle wegzusprechen
müht sie sich tagelang.
Wie kann sie durch Beschämen
nur meinen Spott bezähmen,
der so verwunden kann.

UNTER GRAUEM HIMMEL

Unter grauem Himmel,
unter schwerem Himmel
steht das weiße Häuschen.
In dem weißen Häuschen,
in dem kleinen Zimmer
sitze traurig ich.

Durch entlaubte Bäume,
durch vernäßte Bäume
sucht und sieht mein Auge,
findet arme Wiesen.
Wegen diesen Wiesen
wein' ich bitterlich.

DAS ALLES

Das alles mit dem großen Raum
wird nach und nach doch mehr als Traum.

Ach, wäre ich doch ein kleiner Baum
und stünde an eines Bächleins Saum.

ABENDLIED

Es gehen noch wenige Leute umher,
ein einzelner noch, dann keiner mehr.

Es möchte sich legen auf Haus und Flur
so etwas wie Müdigkeit der Natur.

Es lächelt so fein um Baum und Baum.
Das Lächeln jedoch unterscheidet man kaum.

Was doch ein Windlein armselig ist,
das noch am Abend die Welt bemißt.

Mich kommt ein Zögern und Schlafen an;
ich betrachte nur noch den ernstesten Mann,

den Mond, der sehr an Bedeutung gewinnt,
sobald die Sonne der Welt entrinnt.

FRIEDEN?

Ich gehe da oben her und hin
und sehe über die Berge hin.

Es ist so still, so friedenstill,
ich und die Luft und die Erde sind still.

Es liegt vor mir ein schöner Wald.
Wie gut und wie lange kenn' ich den Wald!

Auch ist vor mir ein kleines Haus
ein Wirtshaus, oder ein Bauernhaus;

es liegt so still wie die ganze Welt
und die Bäume stehen so still in der Welt.

Ich will wohl lieber weitergehn,
ich muß aus Frieden und Stille gehn.

DER WALD (I)

Ich kam in diesen Wald hinein
und kann nun nicht aus ihm heraus.
Mit meiner Ruhe ist es aus.
Ich kam in diesen Wald hinein.
Ich starre: ist der Wald so schön!
Der Sonnenschein hangt gelb darin.
Erregt sind mir Gefühl und Sinn.
Ist dieser Wald so schön, so schön?
Mir ist die ganze Welt jetzt tot,
da außer hier kein Ort mehr ist,
der atmet; des Empfindens List
macht jetzt die ganze Welt mir tot.
Doch jeder Stein und jeder Stamm
in diesem Wald sind Liebstes mir.
Ich komme niemals mehr zu dir,
Geliebtes, in der andern Welt.
Ich bin in diesen Wald verliebt,
mein Herz ist tausendfach zerstückt,
es schweift umher, es hangt entzückt
an allem, weil's in all's verliebt.

Wie ist mir tot die ganze Welt!
Ich kann nicht sagen, wie mir's ist
aus Scheu, doch durch Empfindens List
ist außer hier die Welt mir tot.

BIERSZENE

Einer scherzte mit der Kellnerin.
Einer stützte müde seinen Kopf.
Einer spielte seelenvoll Klavier.
Einem brach das Lachen aus dem Mund.
Einem schoß das Dunkel durch den Traum.
Einem gab die harte Taste nach.
Einmal lief das schlanke Mädchen fort.
Einmal fuhr der blöde Träumer auf.
Einmal war das Spiel ein englisch Lied.
Ein verbuhlter Schwätzer, Tabakrauch,
ein erwachter Träumer, und ein Traum,
ein ermüdeter Klaviervirtuos.

WEISSE WÄSCHE

Die weiße Wäsche regt sich leis
im Garten, und im sanften Wind,
der wunderlich vom Himmel kommt.
Der Himmel ist halb still, halb wild;
halb läßt er sich in Wolken gehn,
halb tritt er keck hervor im Blau.
Die Sonne ist vergessen schon
und es bereitet sich die Welt

in einen Garten einzugehn,
den Abend; weiße Wäsche weht
im Abend und im sanften Wind,
im Abendwind. Regt in mir auch
etwas wie luftige Wäsche sich?
Ich glaub es nicht, die ruhige Nacht
ist hier schon gänzlich Herrscherin.
In mir regt sich kein Lüftchen mehr.

AUF MEINE SINNE

Ich schlief schon viele Nächte nicht
ob meiner Wanderungen Gier.

Auf meine Sinne,
mißbraucht, verletzt
fällt Dunkel jetzt.
Ich halte inne.

VOM WALD

Seine Erde ist wie Teppich weich,
seine Luft ist tröstend wie Balsam,
seine Stimme ist ein Liederton,
schlicht und schlank wie seiner Stämme Wuchs.
Seine Stimme ist ein Liebeston.
Jeden Morgen horche ich und lausche
in dem grünen Rätsel seiner Wohnung.
Jeden Morgen sehen meine Augen,

die verliebten, seine stummen Wunder,
seine Wunden, denn er ist bald tot. –
Aus den Stämmen quillt das rote Blut –
seine Wunden, denn er ist bald tot.

VERGESSEN

Vergessenes vergaß ich schon.
Das Halbvergeßne quält mich leis.
Es steigt mit seiner Liebe auf
und nestelt im Gedankenkreis,
wie eine ungeduldige Hand
in einem Arbeitskörbchen wühlt,
weil sie das Richtige nicht fand
und heftig nun Bedrängnis fühlt.
So kommt, was ich schon halb vergaß,
von neuem wieder scheu und blaß.
So lebt, was sich schon tot gelegt,
stets wieder, weil es Leben trägt.

LIEBE

Ich bin der Liebling meiner selbst.
Ich bin es, der mich liebt und haßt.
Ach, keine Liebesmacht erfaßt
mich selbst so völlig wie ich selbst.
Oft, wenn ich stundenlang allein
mit mir in Selbstgedanken lag,
war ich mir Nacht, war ich mir Tag,
war ich mir Qual und Sonnenschein.

Ich bin die Sonne, die mich wärmt.
Ich bin das Herz, das mich so liebt,
das so vergessen hin sich gibt,
das sich um seinen Liebling härmt.

NEBEL

Ich sehe so beklommen
die Nebel wieder kommen
aus tiefem Wassertal.
Wie sie das Blau verdrängen,
mit hastiger Gier verengen
den hellen Sonnenstrahl.
Ach, daß die Sonne endet,
daß, die so hell geblendet,
nun wieder schwinden muß.
Ich schicke mich mit schweren
Gefühlen zu entbehren
den Sonnenkuß und Gruß.

ZUKUNFT!

Es kommt die wunderschöne Zeit
da in den Königshallen
der Freiheit neuer Glaube wird
am Marmor wiederschallen.

Wo sich in Lieb' ein Volk ergeht
Alleen auf und nieder;
wo ungebundner Fortschritt blüht –
und blühen tausend Lieder!

Wo Menschen nur noch Menschen sind
und sich unendlich lieben,
und wo die Arbeit, die jetzt weint
zur höchsten Lust getrieben. –

Wo Leidenschaft und edles Tun
sind inniglich verbunden.
Es wird der freien Zeiten Glück
ein frei Geschlecht bekunden!

Es kommt die wunderschöne Zeit
wovon wir Lieder singen. – –
Den Königsadler «Geist» hör ich
schon kühn die Flügel schwingen.

MEINER LIEBEN FANNY!

Sieh nur im Leben nicht beiseite,
mach immer tüchtig mit im Streite
und schlag dich durch und greife zu,
dann hast du deine innere Ruh.

Nur Zweifel nicht und scheele Blicke
und keine scheuen Augenblicke.
Vertrauensvoll zu deinem Gott
und stolz und klug in jeder Not.

TRÜBER NACHBAR

Es liegt schon da wie ein anderes Haus,
doch dringt den ganzen Tag hinaus
das Schreien armer Kinder.
Die Kinder der «bessern» Leute sind
geschwind beim Ohrläppchen gefaßt, geschwind,
die der Armen noch zweimal geschwinder.
O daß zu Not und Mangel muß
auch noch Gehässigkeit setzen den Fuß,
und daß der Haß zuvor
sich alle Armen zum Opfer erkor.

Es liegt schon da wie ein anderes Haus,
doch dringt den ganzen Tag hinaus
das Weinen armer Kinder.

TRÄUME

Verworrene Träume schnellten
durch meinen Schlaf, vergällten
mir also diesen Schlaf.
Nun können die Gestalten
der Nacht sich nicht mehr halten,
da sie der Morgen traf.

Wie trüb auch dieser Morgen,
es drängen schon die Sorgen
des Tags sie aus dem Tag,

der mir vor allen Dingen
Beruhigung wird bringen,
was er auch bringen mag.

FEIERABEND

Ich bin, nachdem ich den Tag
verbracht, im Fieber heimgegangen.
Auf dem ganzen Heimweg lag
die Sonne auf meinen Wangen.

Die seelige Abendglut
lag breit auf allen Wiesen
und ich nannte diesen
Schein mein verströmtes Blut.

Mein heißes brennendes Blut
lag tröstend über aller Welt.
So ging ich im Übermut –
Jetzt war ja alles bestellt.

Ich wußte nicht, wie mir geschah,
ich lehnte mich an einen Hag,
in mein Blut, das nah
und weit auf den Wiesen lag.

LACHEN UND LÄCHELN

Es kommt mich Lachen
und Lächeln an.
Was liegt daran!
Das sind so Sachen ...

FÜR FANNY

Nein, ich mag nicht länger grollen,
unbedachte Freuden sollen
wieder mir Bediente sein.

Ach, wie schön ist's, Diener haben,
sich an dem Gedanken laben,
ein geliebter Herr zu sein.

MUTLOS

Die stille Trauer
besuchte mich,
ich senkte mich
in ihre Schauer,

darin ich spürte
nicht Sorg' nicht Hast,
nur schwere Last.
Die Trauer führte

dann so mich weiter
durch dunklen Gram,
bis wieder kam
ans Licht der Schreiter.

Ich bat sie leise:
behalte mich –
sie aber wich
auf neue Reise.

TRAUERSPIEL

Der Vorhang geht hinauf zur ernsten Höhe:
Es zeigt das Spiel sich, und das Stück beginnt.
Die Männer machen stolze Kämpfermienen,
verzerren den Mund zu einem bösen Lächeln,
das Tod verspricht, schon eh die Wunde springt
und Blut die blassen Stirnen rosig färbt.

Ein Todentschloßner schlitzt den Bauch sich auf.
Sein Sohn schreit draußen vor der Tür, die Tür
bricht ein, und, wie zu Stein erstarrt, sieht er
das grausige Schauspiel an – er kam zu spät.
Die Szene wechselt, und das Auge sieht
in eines Gartens Traum hinein: Der Mann
stürzt riesenhaft vergrößert und entsetzlich
verändert aus den dunkeln Büschen vor,
langsam und schmeidig; und gespenstisch flattert
ein schwarzer Mantel um die Glieder ihm,
die weit ausholend tragische Schritte messen
auf dem Parkett der Bühne. Dann ein Kampf,
ein Ringen, daß die zornigen Knochen krachen.
Der eine stürzt, wie'n Vögelchen noch hüpfend,
bis er sich schrecklich überschlägt. Der andre
muß fliehn, doch bringt man ihn gefangen her
und kündet ihm des Urteils Willen an.
An allem ist ein kleines Mädchen schuld,
das kaum gelernt vernünftig hat zu lächeln.
So süß wie sündhaft, schuldlos wie gelehrt
in Künsten schon der Schuld, tritt sie voran
als helles Licht, Liebreiz und Schrecken werfend
in das Gemüt der bangen Hörerschaft.
Ihr trauernd nach lischt eine Fackel aus.

DER HANDHARFER

Spielt heute morgen halt
der Handharfer wieder los;
draußen ist's hell und kalt,
der Tag macht seine Augen groß.

Spielt ebenso bang,
wie gestern, als es Nacht war,
da es die Räume durchdrang
scheu, lieb, unnennbar.

Spielt wohl den ganzen Tag,
so vergißt er am besten
vergangne und kommende Plag',
Schicksals Gesten!

ICH WANDERTE

Ich wanderte und wandre noch,
doch war mein Gehn nicht immer gleich.
Bald trug ich Heiterkeit mit mir.
Bald, wie es auch dem Himmel geht,
verlor sich plötzlich meine Lust
in einen langen Tag von Leid –

GEDICHTE AUS DER BIELER ZEIT
1919/20

FRÜHLING (I)

Es paßt wohl jedem, daß es wieder
warm ist, und daß die Fenster offen sind
und Frühlingswind ins Zimmer weht.
Vermutlich nimmt es niemand übel,
daß nun die Wälder wieder grünen
und Wiesen voller Gräser sind
und Vögel in den Bäumen singen
und Veilchen aus der Erde blühn.
Vielhunderttausend grüne Blätter!
Der Frühling ist ein Feldmarschall,
dem alle Leute gerne gönnen,
daß er die Welt bezwingt.
Siegreich durch alle Länder zieht sich
ein Blütenmeer. Die Gegenden
sind weiß, als wolle eine
Prinzessin angefahren kommen. O,
so zart ist alles, viel zu zart,
als daß es Dauer haben könnte.
Der Frühling ist nur kurz, was red' ich
für altgebacknes Zeug. Das weiß
ja jeder. Kinderspiel im Freien!
«Ist's möglich?» fragen sich die Menschen
und schaun sich an und lächeln. Einer
weint gar vor Freude. Schwierig ist's,
in all das Herrliche zu sehn

und nicht gerührt zu sein. Der Frühling
war oft schon da und ist doch jedes
mal neu und immer wieder jung.
Das Alte geht mit Jungem. Gatte
mit Gattin. Kleines mit dem Großen,
und alle sind verbrüdert: Völker
mit Völkern. Zur Geliebten schleicht
der Liebende. Er singt. Nur dem,
der wahrhaft liebt, gelingt ein Lied.
Küssen und Träumen. – Unweit steht
mit finstrer Mien' an einer Mauer
der Lebensernst; und wer an ihm
vorübergeht, muß zittern.

SCHMOLLEN

Eine der Novellen Kellers
handelt, wie man wissen wird,
von Pankrazius, dem Schmoller,
der in weiter Welt sich umtrieb,
bis ein's Tags ein Löwe endlich
ihn vom Eigensinn kurierte.
Sicher nicht aus Zufall nur
hat der Dichter sich mit diesem
Gegenstande abgegeben.
Nein, es wird ihm zweifellos
darauf angekommen sein,
daß ein Laster er verspotte.
Schmollen ist ein schwerer Fehler,
wie viel Unannehmlichkeiten
sind nicht schon daraus entstanden.

Manche halten, wenn sie schmollen,
sich für sehr charaktervoll,
doch das stimmt auf keinen Fall.
Der, der schmollt, ist seiner Unart
armer Knecht und Untertan,
zollt Tribut dem Herrscher Ärger.
Schmollen hängt mit Eigenliebe
und mit jeweils offenbar
schwerverletztem Stolz zusammen.
Niemand wird imstande sein,
solchen Satz zu widerlegen,
vielmehr wird man ihn bestät'gen.
Schmollen ist nicht schwer zu lernen,
nur zu viele Leute stehen
diesbezüglich auf der Höhe.
Alle Kellerschen Gestalten
sind in ihrer Art bedeutend;
uns gefällt die Schmollfigur.
Schmollen ist ein wahres Übel,
das wohl schon zu allen Zeiten
üblich war und prosperierte.
Wer mit Schmollen Zeit verliert,
kann wahrhaftig nicht behaupten,
daß er Nützliches verrichtet.
Bisher sprach ich meist in Prosa,
heute mit Erlaubnis aber
red' ich feierlich in Versen.
Schmollen zeugt von Kleinlichkeit,
möchtest solcher Schwäche du
schmählich dich gefangen geben?
Auch gescheite Menschen sieht man
hin und wieder nur zu schnell

in des Schmollens Abgrund fallen.
Schmollen hat noch kaum jemand
großen Vorteil eingetragen;
daran darfst du ruhig glauben.
Frauen schmollen gerne wegen
unerwiderter Gefühle,
Künstler um Verkennung willen.
Im politischen Getriebe,
wie im kleinen Einzelleben,
wird nach Noten oft geschmollt.
Fort mit Schmollen, denn es ist
alles, nur kein Leckerbissen
und verleidet uns das Leben.
Wer nur ein'germaßen ehrlich
mit sich kämpft, der kann das Übel
bändigen und niederzwingen.
Nicht im Zürnen, nur im Dulden
und im freundlichen Verzeihen
kannst du Tapferkeit bekunden.
O, sei freundlich und nicht feindlich,
sanft und stark und froh und frei,
gläubig, mutig und geduldig.
Tummle dich und schaue vorwärts,
denk', wie kurz das Leben ist,
dann wirst nimmermehr du schmollen.
Mehr brauch' ich wohl kaum zu sagen,
weil, was beizufügen wäre,
schließlich sich von selber sagt.

MÄUSCHEN

Neulich, als ich mitten auf dem
Weg ein totes Mäuschen sah,
blieb ich steh'n und sagte: Wie nun?
Weshalb liegst du hier so still?
Mußtest du's so eilig haben?
Kaum ins Leben eingegangen,
fliehst du schon daraus hinweg.
Nun, so laß mich mind'stens deinen
lust'gen Lebenspfad betrachten:
Worte sind bei deiner Ankunft
sicher nicht verschwendet worden,
Taufe war wohl überflüssig.
In die Schule gingst du nie,
deinetwegen hatten Lehrer
schwerlich je sich abzuplagen.
Wußtest gleich vom ersten Tag an
dich ins Leben einzufinden.
Was Erziehung, höh're Bildung,
Wissen, Kenntnis anbelangt,
durft'st du alles dies entbehren.
Unterricht im Pianospielen,
Tanz- und Turn- und sonst'ge Stunden
wirst du nie genommen haben.
Anmut und Behendigkeit
und ein ganz natürl'cher Anstand
waren dir schon angeboren.
Schuhe, Strümpfe, Hut und Handschuh'
sind dir unbekannt geblieben.
Anzug trugst du stets denselben.
Hatt'st du Brüderchen und Schwestern,

Onkel, Tante, Bas' und Vettern?
Warst du etwa gar vermählt?
Das sind Fragen, die wir schließlich,
weil sie allzu kompliziert sind,
lieber nicht erled'gen wollen.
Freilich du, mein liebes Mäuschen,
brauchtest dich um nichts zu kümmern.
Unserein ist voll Bedenken;
redet sich weiß Gott was ein,
macht den Aufenthalt auf Erden
sich so sauer wie nur möglich;
quält sich ab und reibt sich auf,
kommt vor lauter delikaten
Sorgen oft schier aus dem Häuschen.
Du warst über bloßes Dasein
offenbar schon riesig froh,
machtest kaum dir je Gedanken,
die ja in den allermeisten
Fällen höchstens hemmend wirken.
Sicher irr' ich mich nicht sehr,
wenn ich denke, daß mit Vorlieb'
du durch enge Löcher schlüpftest.
Ein geringes Quantum Laub
war die Welt, in der du lebtest,
gerne krochst du unter Steine.
Was uns Menschen Gräser scheinen,
war für dich schon ziemlich groß.
Bäume, wie zum Beispiel Eichen,
schienen dir wohl ungeheuer,
falls du solche Dick' und Größe
jemals überblicken konntest.
Schon ein Hase kam dir sicher

äußerst respektabel vor.
Doch vor Katzen fürcht'st du dich
ganz besonders, derart, daß du
Schwierigkeiten nie vermißtest.
Deine Stimme war dem Pfeifen,
und dein Gang dem Huschen ähnlich.
Sprechen konnt'st du weder deutsch,
noch französisch oder englisch,
hingest an der Mäusesprache,
dir genügt', mit deinesgleichen
dich verständigen zu können.
Nennenswertes Lebenswerk
ist dir keineswegs gelungen;
Reisen ließest hübsch du bleiben.
Darum lagst du doch nicht minder
in den güt'gen Händen uns'res
Vaters oben in den Wolken,
die so gut ob dir, wie über
allen andern Wesen schwebten.
So leb' wohl. – Nachdem ich alles
dies gesprochen, ging ich weiter.

HEIMKEHR (II)

Falls ich mir erlauben dürfte,
von Vergangenheit zu plaudern,
sag' ich offen: mir ging's damals
scheinbar absolut nicht übel.
Durfte häufig unter lauter
netten Leuten mich bewegen.
Wohnt' in feinem Hause bei der

liebenswürdigsten der Frauen,
ließ mich ungemein verwöhnen.
Täglich gab es frische Eier,
Butter, Käse, saft'gen Schinken,
braucht' nur tapfer zuzulangen.
Sorgen kannt' ich demgemäß
äußerst wenig oder keine,
war der reine Herr Baron.
Schrieb mit einer gold'nen Feder
kleine lust'ge Liebesbriefe
und spazierte, wenn's mich lüstet',
ganz behaglich durch den Garten,
wo in schattigem Gebüsch
wunderhübsche Blumen wuchsen,
oder wandelt' nach Belieben
durch ich weiß nicht wie viel Zimmer,
eines schöner als das andre.
Ja, ich führt' ein Schlenderleben,
wie's bequemer sich nicht denken,
reizender nicht träumen ließe.
Meine liebe Frau verging ja
fast vor Zärtlichkeit zu mir,
nannt' mich stets nur ihren Liebling,
legt' den Arm mir um den Hals,
zupfte mich am Ohr und tat noch
hundert sonst'ge art'ge Sachen.
Abends hörte ich Musik,
mittags fiel ich wie von selber
in den angenehmsten Schlummer.
Fünf Uhr pflegt' ich Tee zu trinken,
raucht' französischen Tabak,
hüllte mich in Wolken ein,

lag auf üpp'gem Ruhebette
und vertrieb die Langeweile
mir mit spannender Lektüre.
Draußen vor dem Fenster, das mit
Umhäng' sorgsam ich verdeckte,
flöteten die Nachtigallen.
Mädchen sah'n wie Veilchen aus,
Mond wie eine sanfte Sonne,
heller Tag wie Mitternacht.
Leben glich dem dunklen Wald,
Erde einem schönen Tänzer,
und die Ewigkeit dem Meere.
Frühling hatte gold'ne Blätter,
Lippen waren rot wie Rosen.
Hände hatt' ich allzu zarte,
als daß ich sie fähig hielt,
harte Arbeit anzupacken.
Ausgesucht eleganter Anzug
schlenkert' um die Glieder mir,
auf dem Kopf saß ein Zylinder.
Hatt' ich Lust, so mischt' ich mich
ungezwungen unter Menschen.
In dem zierlichen Getümmel,
fröhlichen Durcheinanderwogen,
mannigfaltigen Verkehre
badet' ich mit wahrer Wonne.
Doch so schön dies alles war,
und so lebhaft ich mich auch
zweifellos dabei ergötzte,
sehnt' ich mich nach ganz was and'rem.
Rauschender Genuß, was bist du
mit Zufriedenheit verglichen?

Allerlei Veränderungen
mahnten dringender wie je
mich an redliches Begnügen.
Aufenthalt im Vaterlande
Schwebte mir als Schönstes vor.
Berge wollt' ich wieder sehen,
schlichte Worte wieder hören.
Alles bis dahin Erlebte
sank zurück, als wär's nur Traum,
und so kam ich eines Tages
zum Entschlusse, heimzureisen.
O, wie freut' ich mich darüber.

PUPPE

Schaut mich bitte einmal an,
findet ihr mich nicht gediegen?
Puppe bin ich, ungemein
interessante Augen hab' ich,
die zwar nur aus Glas bestehen,
folglich leider nicht viel taugen.
Glieder sind voll Sägemehl.
Gehen ist mir rein unmöglich,
sitzen geht schon etwas besser,
liegen kann ich ausgezeichnet.
Arbeit hab' ich nie verrichtet,
Hände sind zu ungelenkig,
Lippen bleiben mir verschlossen,
Red' ist ihnen nie entflohen,
Stimme ließ sich nie vernehmen.
Puppen schweigen wie die Fische.

Lachen, weinen kann ich nicht.
Schmerz und Freude, Haß und Liebe
überlasse ich den Menschen,
die bekanntlich nur zu hurtig
in Empfindlichkeit geraten.
Irgendwelchen Änderungen
bin ich nimmer unterworfen,
lasse mich durch nichts beirren,
bin durchaus nicht zu erschüttern,
spüre, denke, fühle nicht das
mindeste und bin apathisch
gradezu im höchsten Grade.
Puppen aus der Ruh' zu schrecken,
dürfte schwerlich je gelingen.
Ständig sieht man mich dieselbe
sonderbare Miene schneiden.
Seele hab' ich nie besessen,
Rührung liegt mir gänzlich fern,
bin an Unbeweglichkeit
sozusagen ein Phänomen,
welch ein schändliches Geständnis!
Zeichnet etwa eine Puppe
durch Lebendigkeit sich aus?
I bewahre, ich beruhe
ja ganz einfach nur auf Täuschung.
Kinder wissen mich zu schätzen;
ihnen bin in jeder Hinsicht
ich als Spielzeug hochwillkommen,
können sich mit mir beschäft'gen,
weil sie Phantasie besitzen.
Die Erwachsenen dagegen
fühlen sich auf alle Fälle

mir genüber sehr erhaben.
Das hat freilich seine Gründe,
denn ich bin im allgemeinen
unbeschreiblich unbehilflich.
Eigenmächtig zu verfahren,
kommt mir gar nicht in den Sinn,
seh' mich völlig nur auf güt'ge
Unterstützung angewiesen.
Proben, daß ich ungewöhnlich
leblos, steif und trocken bin,
hab' ich oft schon abgelegt.
Kindlichen Gemütern jedoch
bin ich ganz und gar lebendig,
esse, trinke, geh' spazieren,
leg' mich schlafen wie ein Mensch
und kann reden zum Entzücken;
all dies stell'n sie sich bloß vor,
sind noch fähig, dies und jenes
mühelos sich einzubilden.
O die Kleinen sind um vieles
klüger, als die Großen meinen.
Sie sind's, die zu leben wissen.

DIE GUTEN

So sind die Guten schon gestorben?
Nein, nein, sie leben noch, ich weiß es
genau, der kleine Finger sagt mir's;
zwar denk' ich sie mir arg zerstreut,
wie Blüten, die der Wind verweht,
und ringsumhergeworfen,

wie Wellen. – Ist es so? Ich kann mich
ja irren, und wie gerne wär' ich
im Irrtum. Einer hier, der andre
dort, und ein jeder einsam, alle
verlassen, weil nun kein Zusammen-
hang mehr besteht? Was mal' ich für
ein Bild, das mich nicht freu'n und auch
dich nicht erquicken kann? Doch ist's ja
gewiß nicht so, und alle wohnen
beisammen, sind aufs freundlichste
vereinigt, geben sich die Hände
und schaun sich an, und über ihnen
sind schöne, weiße, liebe Wolken
und schwebt ein klares, frisches Blau,
und Winde wehen ihnen um
die Stirnen, die so Herrliches
gedacht, gewollt, und ihre Herzen
sind ruhig, und die edlen Seelen
erfüllt von einer immer gleichen
Geduld, und grün ist das Gebiet, und
heilig die Stelle. Tag' und Nächte
sind wie Geschwister, Sonn' und Mond
wie Liebende, und alles, alles
befreundet. Pflanzen haben Augen,
reden wie Menschen, und die letztern
gleichen an Innigkeit und stillem
Gedeihn den Blumen. Aber wo
ist das? Wie heißt das Land? Wie ist es
zu finden? Schau nur vor dich hin,
so siehst du's, denn die Guten leben
ja doch noch überall, und Schönes
empfindet, wer es in sich selbst hat.

CHOPIN

Wie schön ist es, ihm zuzuhören,
er läßt dich augenblicklich träumen
und phantasieren. Liebtest du
bis heut' noch nie, so bist du nun
Liebender und gehörst nicht mehr
dir, und darüber bist du glücklich.
O Seligkeit, nicht mehr an sich,
ans arme Eigene zu denken,
sich reich zu fühlen, weil nun alles
Empfinden losgelöst ist von dem
einschnürenden, gemeinen Selbst.
Töne von Chopin, sind es Locken,
ist's ein verführerisches Lächeln,
Duft von ägypt'schen Zigaretten,
Form und Geruch von Blumen? O, wie
blüht nun das Herz und schwelgt die Seele.
Ein wundervoller, goldner Abgrund
öffnet sich dir, und Abendsonne
liebkost dich, und du bist in einem
anderen Lande, wo es viel
zärtlicher hergeht und viel weicher,
und ruhiger und unabhäng'ger,
wo hohe Bäume dich umschatten
und Hell- und Dunkelheit sich zu
reizenden Melodien vermischen,
wo Trauer schön ist und die Wehmut
herrlich, ganz wie Musik von ihm, dem
Polen, der einstmals in Paris
Konzerte gab, wo er vor aller
Welt spielte, vor Soldaten, schlichten

Arbeitern, vor Bankiers, Ministern.
Wen riß er nicht mit seiner Hände
Getändel zur Bewundrung hin?
Jeden bezauberte er. Heinrich
Heine, der Spötter, liebt' und ehrt' ihn.
Er spielte so, als tät' er's völlig
für sich, Gesellschaft, Einsamkeit
waren für ihn dasselbe, doch
gab er vielleicht sein Innigstes
mitten im Weltgewühl, er spielte
darum so schön, weil's ihn beglückte,
daß er's verschenken durfte. Edlem
Gemüt ist Geben ein Bedürfnis.

DER SONNTAG

Sechs Wochentage sind vorüber,
heut' ruhst du von der Arbeit aus,
die Sonne scheint, versteht sich das
am Sonntag nicht beinah von selber?
Nicht allzu zeitig stehst du auf
und wirfst dich in die nett'sten Kleider,
gehst dann vielleicht ein wen'g spazieren
und plauderst mit ein paar Bekannten.
Der Sonntag hat ein zartes, liebes,
edles, begütigendes Antlitz,
goldene Locken wie ein Kind
und träumerische, blaue Augen,
Hände, die dich liebkosen wollen
und Lippen, die von allem Schönen
und Lieben ins Gemüt dir reden.

Das Essen ist besonders fein,
die gute Laune extra freudig,
und eine Munterkeit durchdringt dich
quasi vom Wirbel bis zur Sohle.
Den Nachmittag verbringst du sicher
jeweilen gern im holden Freien,
im angenehm bewegten Kreis,
mit artigen und guten Leuten,
denn nichts geht über heitern Umgang
und freundlichen Verkehr mit Menschen.
Du liegst im Gras und im gefäll'gen
Schatten von hohen, alten Bäumen,
und Sonntagsruhe ist in dir
und rund um dich, du scherzest und
nimmst wohl auch selber einen Scherz
gutmütig hin und lachst darüber.
Rechte Geselligkeit ist wie die
Sonne, uneigennützig, herzlich,
tapfer in liebendem Sinn, denn die
Liebe geht über alles, Dörfer,
Städte und Länder, und die Seen
und Flüsse, und die fernen Meere
und unser menschliches Bemühen,
alles hängt herrlich aneinander.
Abends nimmst du vielleicht ein Buch
zur Hand, ich weiß nicht, was dir alles
sonst noch Famoses blühen mag.
Ein einz'ger Tag ist ja so reich;
wer seine Stunden fleißig ausnützt,
nicht träg ist, der lebt zehnmal länger
und findet zwanzigfache Freude.
Gehst du mit offner Art durchs Leben,

so fühlst du dich an allen Orten
wie in einem schönen Hause,
wo's reinlich und verständig hergeht,
Altes und Junges sich in richt'gem
Licht sieht und gegenseitig achtet
und drum auch einig ist, wo Fraun
geehrt werden und Männer gütig
und tapfer sind und Kinder folgsam.
O, wundervoll ist's auf der Erde,
sei froh, daß du ihr Bürger sein
und sie dankbar bewohnen darfst.

OKTOBER

Die Blätter fallen von den Bäumen,
Das Grün verwandelt sich in Gelb,
und zarter Hauch umgibt das Land.
Oktober hat ein freundliches
Gesicht; gleicht er nicht einem feinen,
vornehmen Herrn, schenkt er dir nicht
Äpfel und Birnen und die saft'gen
Trauben und Nüsse? Zwar gibt's keine
so schönen, warmen Nächte mehr,
doch sind die Tage immer noch
blau, und an Wärme fehlt es nicht.
Oktober mahnt uns an den Dichter
Lenau und an ein Wandern. Prächtig
ist letztres nun; du gehst über
ein Feld und kommst dann in den Wald,
der hell und sonnig ist, daß es
dich glücklich macht, und still und lauter

und klar dir die Gedanken durch
die Seele gehen. Geht nicht etwas
Geistvolles, Seelenvolles jetzt
im friedlichen Bereich umher?
Im Herbst war ich von jeher ruhig,
glaubte an ihn, wie an etwas
Glückbringendes und schaut' mit ganz
besondrer Freude in den Himmel
und rund herum ins Leben, das mir
alsdann beinah geadelt vorkam.
Die Blumen freilich müssen welken,
auch Menschen werden älter, nun, das
muß ja so sein, doch denke ich,
und du magst ähnliches dir denken,
daß es ein neues Blühen gibt,
und daß es auch ein früheres
Blühen gegeben hat, das mit dir
durch alles fernere Erleben
geht und nicht schwindet, weil es hinter
dir liegt. Die Liebe, die du fühltest,
und all das Gute und das Schöne,
das sich dir gab, dein Streben, dein
Errungenes, obwohl vielleicht nun
im schatt'gen Dämmer, schimmern dir
hell, und sind unverwelklich, drum
sei froh, sei sanft und gütig und
geduldig.

NACH ZEICHNUNGEN VON DAUMIER

Vor einem Spiegel steht ein Dichter,
später brilliert er im Salon
mit Rezitation von Versen.

In eine Stube guckt ein Landmann.
«Bonjour, Madame», sagt er, und lüftet
den Hut, das hübsche Frauchen lächelt.

Auf staub'ger Straße rollt ein Wagen,
vorn lenkt der Herr, und hinten sitzt
sein Diener. «Wohin geht die Fahrt?»
Möchten es gar zu gerne wissen.

Potztausend, wer liegt da im Gras?
Der fühlt sich offenbar hier wohl,
sonst wär' vielleicht er auch wo anders.
Auf alle Fälle scheint er uns
nicht sehr vom Geist der Zeit beeinflußt.

Wir sind in einem Kaffeehaus.
«Hell oder dunkel?» fragt der Kellner.
Der Gast erwidert: «Ganz wie's Ihnen
paßt». Ist das nicht ein droll'ger Kauz?

Einer sitzt im Vergnügungsboot,
da fährt ein Dampfer auf ihn zu,
er ruft: «O weh mir, je suis perdu».
Verloren glaubte sich schon mancher
und war's zum Glück dann doch noch nicht.

Das Beste kommt zuletzt: ein Herr
sitzt beim Friseur, da sieht er plötzlich
ein Liebespaar vorübergehn,
er rennt hinaus mit eingeseiftem
Gesicht, steht starr, als säh' er Geister,
und sagt: «Was seh' ich, c'est ma femme.»

APOLLO UND DIANA VON LUKAS CRANACH

Apollo:
　Was suchte ich den ganzen Tag,
　was hatte mir den Sinn geblendet?
　Und nun es Abend worden ist,
　die Sonne nur noch hie und da
　vereinzelt einen Ast vergoldet,
　sonst alles still ist im Revier,
　ein leiser Wind sich noch bewegt,
　wen treff' ich da nun an?

Diana:
　Verwundert bin ich, und mit Recht.
　Was tatest du den ganzen Tag,
　nicht kennend deine eigne Neigung,
　nicht fühlend deinen wahr'n Beruf,
　nicht achtend die geduld'ge, ew'ge
　Natur, und gänzlich mißverstehend
　dich und das Leben ringsherum?

Apollo:
　Ich jagte! Siehst du das nicht schon
　an Pfeil und Bogen, die ich trage?

Diana:

Wohl seh' ich's, und ich schelte dich.

Apollo:

Da ich dich finde, ist die Jagd
mir herrlich, und ich preise sie,
denn nie ist mir ein schöneres,
entzückenderes Wild erschienen.
Nur ist dies nicht das rechte Wort:
Bild – hätt' ich eher sagen sollen.

Diana:

Zu schön bist du zu solchem harten
Geschäfte, und ich bitte dich,
leg' es von nun an völlig ab,
vergiß es und ergreif' ein and'res.
Die blonden Locken, die du trägst,
der milde Blick in deinen Augen,
die bläulich sind wie Himmelslicht
und sanft wie Flut von Flüss' und Seen,
die liebenswürdige Gebärde
und die gedankenvolle Stirn',
sie kündigen mir an, du habest
Seele und reicheres Talent
und seiest viel zu hochbegabt,
als um den Jäger nur zu spielen.

Apollo:

Ich wußt' wohl selbst nicht, was ich tat
und ging zur Jagd aus Langeweile,
sie war mir bloß ein Zeitvertreib.

Diana:

Und darum tötetest du Tiere?

Apollo:

Ja, darum nur; nicht, weil ich's wollt'.

Diana:

Verfolgtest arme und unschuld'ge
Geschöpfe, wie dies zarte Reh hier,
das mir mit seinem weichen Leib
zum Sitze dient, als wär's ein Sessel,
dies Wesen, das nicht reden, sondern
nur seufzen kann, wenn du's verwundest,
kläglich schwimmend in seinem Blute!
O, kehr dich ab von solcher Art,
beklage die verlorne Zeit,
die du hinbracht'st mit Jagdgelüsten,
leg' ab den Bogen, greif' zur Leier
und widme dich der holden Kunst,
sei Schützer und Begeisterer
von allem Schönen und Gerechten.

Apollo:

Ich liebe dich und kann unmöglich
anders, als eifrig dir gehorchen.
So sag' ich von der Jagd, von allen
rohen Zerstreuungen mich los
und will von nun an alles nur
auf das Gefühl gegründet wissen
und immer erst ein bißchen denken
bevor ich handle, daß dann niemand
durch mich zu leiden hat, es wollen
und dürfen ja alle leben, Blumen
und Tier' und Menschen. Alles,
was Freud' und Schmerzen fühlt, sei heilig
mir, der ich beides auch empfinde.
Das lehrte mich soeben dein
rettender Mund, der mir das nicht
vergeblich soll verkündet haben.

So will ich denn jetzt nichts mehr tun, als
was herzlich ist.

Diana:

Ich glaube dir's.
Sing' nur recht schöne Liebeslieder.

Apollo:

Du selber bist das schönste Lied.

Diana:

So suche mich denn nachzuahmen.

Apollo:

Am liebsten blieb' ich hier bei dir,
wollt' nichts, als dir ins Auge schauen,
schon nur dein süßes Lächeln wäre
fortwährenden Genusses wert.

Diana:

Gut! Doch beherrsche dich ein wenig;
es soll in allem eine Grenze
sein und ein Maß, bleib' aber ruhig,
mein Freund. Geh jetzt, es ist schon spät,
wir sehn uns wohl bald einmal wieder.

DER WEIHNACHTSBAUM

Was kümmert uns die kalte Nacht?
Es strahlt so lieblich in der Stube.
Da steht ein Bäumchen auf dem Tisch,
mit Silber und mit Gold geschmückt,
behängt mit lust'gen Leckereien,
und in den grünen Tannenzweigen
sind Kerzen, und die schimmern nun
beinah' wie Sterne, und nun geht

die Türe auf, es tritt herein
die wißbegier'ge Schar der Kinder,
sacht von den Eltern hergeführt.
Die zeigen und erklären ihnen
des Bäumchens leuchtende Erscheinung.
Sind da die Kinder nicht schier selig?
So was begreift sich ganz von selbst.
So zarte, reine, gute Seelen
sind fähig noch des schönsten Glückes.
Was kommt nun aber gänzlich Neues?
Das Weihnachtskindchen tritt herein,
die Zauberin, die holde Fee,
weiß wie der Schnee und süß wie Zucker
und gnädig wie ein überird'sches
Wesen, als hätt' sie eben noch
im Himmelreich sich aufgehalten
und käm' direkt vom lieben Gott,
und tut den Mund nun auf und spricht:
«Weil ihr das Jahr hindurch so folgsam
und artig und adrett gewesen,
nichts Sündliches begangen habt,
so geb' ich euch nun allerlei
Geschenke.» Damit führt sie sie
hin zu dem Baum und gibt jedwedem
das Seinige und lächelt, und
die Kinder tun es ebenfalls
und danken dann den lieben Eltern
für ihre Treu' und ihre Sorgfalt,
und diese küssen sie, so daß sie
allseitig sich in bestem Sinn
erfreuen und einander gut sind.
Welch heiliges und hohes Fest

und wunderliebliches Empfinden,
und während sie im kleinen Kreis
froh sind und um den Baum herum
die Angehörigkeit verkörpern,
läuten die Glocken durch die Welt,
daß überall, wo Menschen wohnen,
Lieb' und Vertraun lebendig werden.
Schlimm stünd's um uns, wenn solche Dinge
uns nichts bedeuteten, das aber
ist Gott sei Dank noch nicht der Fall. –

GEDICHTE AUS DER BERNER ZEIT
1924-1933

KANN SIE MICH ANDERS ALS
GLÜCKLICH WÜNSCHEN

Ich möchte noch schnell ein bißchen dichten,
einige Gegenstände sichten.
Unten im Garten steht ein Reck,
das hat einen Schönheitsfleck.
Einst lebten im braven
Baselbiet zwei sehr uneinige Grafen.
Ein kaum erblickliches Wegelein
führte ins zusammengeschnürte Verhältnis der
                                    beiden hinein.
Doch es betrat
niemand den Pfad.
Sich selbst überlassen,
mußten sie sich hassen,
konnten sich nicht fassen.
Zu wem kein Weg mehr leitet,
hat sich ärgeres Leid bereitet,
als wenn er sterben müßte.
Ein Vöglein grüßte
mich heute früh mit munterm Schall.
Ich meld' euch einen ganz besondern Fall
von Artigkeit: Eine Persönlichkeit
von Ansehn und von feinem Ruf
sich das Vergnügen schuf,

mir die Kravatte umzubinden,
als habe sie zu finden
geglaubt, ich wär' zu ungeschickt dazu,
ich ließ es mir gefallen in aller Ruh',
fand die Hand, die mich bevorgesetzelte,
nett und gut. Ist es nicht oft sehr gescheit,
nicht ganz gescheit sich aufzuführen,
durch Unbehülflichkeit zu amüsieren?
Wer möchte sich nie zieren?
Besser erwärmen als erfrieren.
Du kennst wohl auch das Städtchen Büren,
es liegt an schönem Strom,
ist nicht ganz so groß wie Rom,
der Strom läuft bis ins Meer.
Wo kommt mir all der Gleichmut her,
der mich beschwichtigt,
sänftiglich berichtigt?
Die Liebe,
was wünscht sie anderes, als daß ich glücklich
                                         bliebe?

Kann sie Schöneres denken,
ich ihr Höheres schenken,
als daß ich in der Gewalt
ihrer Gestalt
freier bin als je?

WIE DIE HÜGELCHEN LÄCHELTEN

Hättest du die Bäumchen
stehn gesehn, mir war's, als ob
sie tänzelten, so lustig

gestikulierten sie, ein Wölkchen
sah in silberweißer Reinlichkeit
einem Delphin ähnlich, hättest du
die vielen Hügelchen gelblich-grünlich
lächeln sehen können, schade,
daß du den Eisenbahnzug nicht sahest,
der nun auf golden-schwarzer Schiene
gewichtig und zart, leise und gewaltig,
schwerfällig-schön und mühsam
und doch in herrlicher Leichtigkeit vorbeifuhr.
Unendlich bedauerlich finde ich,
daß du nicht auch sehen konntest,
wie die Fahrgäste aus den Wagenfenstern blickten.
Einer wie der andere schaute auf mich,
der im Gras lag,
die Stufen eines Stegleins zählte,
das einen Abhang hinauflief,
die Brücken mit Blicken
inspizierte, und der an der Brust der Erde
glücklich war.
Ein Fabrikrohr
sich in die Höhe verlor,
ein Mädelchen in einiger Entfernung spazierte.
Ich meinte, ich müsse,
alles rings in solchem Glück,
in solcher Heiterkeit zu sehn,
feengleich vergehn,
bog den Kopf zurück:
O, war das schön!
Ziele gibt es viele, zu sein an einem Ziel,
dazu braucht's nicht viel.

DIE ALLEE

Sie rang mit einem abgrundtiefen Weh,
inzwischen gingen wir durch die Allee,
durch die ein unaussprechlich stiller Wind,
gleich einem bittenden und lieben Kind
hinzitterte und kräuselt', oftmals standen
wir still, indem wir Landschaftsschönheit
                                    fanden,
die tief uns in die sehnden Seelen drang,
ein unsichtbares Vögelein durchsang
das Abendsonnenmeer, die Zweige hingen
wie prächtige Gewänder in dies Singen;
das sammetgrüne Gras war schon für sich
ein Lied, das einem schönen Mädchen glich.
Vor Schauen und vor Wundern kamen wir
nur langsam vorwärts und verzagten schier,
daß wir betraten solchen Tempels Zier.

SONNTAGVORMITTÄGLICHE FAHNEN

In bleichem Schimmer blitzen
erschrockene Laternen.
In was für Fernen
fliegt ihr, Wolken, und wo sitzen
sonst noch im Sonnenschein Menschen auf Bänken?
Wie schön sich Fahnen,
als wollten sie mich an etwas mahnen,
vom Licht durchstrahlt und sich ringelnd,
wie Kinder, die singelnd
spielen und glücklich sind,

und wie Rosen, die von leisem Wind
leicht geschaukelt werden, zu den Bäumen,
die mich sonntagvormittäglich träumen
machen, niedersenken.

SONNE

Wie hast du lange
mich nicht gestreichelt mehr mit deiner Wange,
gewagt, mir deine Wonne
vorzuenthalten, liebe Sonne.
Was fiel dir ein,
mein Schlingelein,
so unmanierlich zu verstecken,
was täglich freundlich mich muß wecken.
Wie ungalant,
so unbekannt,
fremdartig und verloren sich zu machen,
statt anzulachen
Menschen und all die vielen bunten Sachen.
Was kam dich, Untertan,
für hochvornehme, üble Laune an?
In Zukunft sollst du fleißig scheinen,
sonst werd' ich weinen,
merk' dir das,
und liebe mich ohne geringsten Unterlaß.
Entzieh' mir nimmer
deinen goldnen Schimmer,
du wundersames, süßes, freches Frauenzimmer.

DAS LUSTSCHLOSS

Wie ich mich dort führen würde:
lustig wär's auf alle Fäll'.
Ich entäußerte mich schnell
aller äußerlichen Würde.

Ohne würdevoll zu sein,
trüg' ich dennoch manche Bürde,
schrieb's ins Tagebuch hinein,
wie's mir dort gefallen würde.

DIE ERSEHNTE INSEL

O, Insel, nach deinen Eichen,
deinem von Reben umgebenen Hause,
der reichen Ruhe und weichen
Seeeingebettetheit
mich zu sehnen, gäb's was Natürlicheres?
Dort umschweben Amoretten
die Gebieterinnen, Ziegen weiden im Gras,
und wie zur alten Zeit läuten
die Glöckchen, und Wasser umplätschert
das fröhliche Stückchen Land.
Dort gibt man sich die Hand
und traut sich, und wie schläft man nachts süß
im reinlichen Zimmer, kristallene
Luft einatmend. Wie verhallen
alle Stimmen im hohen
Landschaftstempel schön, und Nächte

und Tage sind Brüder,
und die Menschen versöhnt,
o, wie's nach Frieden dort tönt.

WINTER (I)

Es schneit, es schneit, bedeckt die vielen Dächer und die
Giebel
mit Flocken, welche Liedern ähnlich sind von Anna
Siebel.

Ein Schornsteinfeger in dem Schneegestöber leise lächelt.
Hat er etwa auch hie und da schon ein Gedicht gemächelt?

Da öffnet ein Mansärdchen sich, und ein Gesichtelchen,
das wieder an und für sich glänzt wie ein Gedichtelchen,

zeigt sich dem Frierenden, und ein entzückendschönes
Händchen
hält eine Tasse hin mit wunderhübsch bemaltem Ränd-
chen.

Die schönste Lippe lispelt freundlich: «Hier, mein
Freundchen, nippe.
Das Warme dieses Trankes hilft dir über deine Klippe.»

Der Schornsteinfeger hat Manieren, er bedankt sich
artig.
Hoffentlich mit Berecht'gung nun aufs Honorärchen
wart' ich.

FRÜHLING (II)

Es blüht und sprießt, bedeckt die vielen, niedlichen Ge-
sträucher
mit winz'gen Knospen; dies betrachtend, denk' ich an
Herrn Deucher,

der eines Tags mir seine günst'ge Meinung hat bekundet,
als ich mich im Rekrutenehrbewußtsein fühlt' verwundet.

Ich sollte nämlich damals scheinbar einem Kameraden
artig und aufmerksam bestrebt gewesen sein, zu schaden.

Im Kornhauskeller kam's zur spann'nden Auseinander-
setzung.
Heut' jedoch labe ich mich hier mit merklicher Erget-
zung

am Anblick jungen Grüns, im übrigen an einer Tasse
Schok'lad' und müh' mich, daß den lieben Frühling ich
erfasse.

O, Freundin, wenn sich allerlei so hat entwickeln müssen,
so find'st du Blumen jetzt, die dich mit ihrem Dufte
küssen.

DER JÜNGLING IN DEN KARPATHEN

An seine Freundin denkend,
die in der Stube zu ebener Erde
wirtschaftete, lag der Jüngling,

den geschmeidigen Körper
im Grase hingelegt. Auf der Straße,
die das Gebirge durchschnitt,
marschierten Regimenter.
Aus bläulichumflorter
Ferne klang die Musik
der Schlacht, es hörte sich
wie ein Traum an. Dreien Mädchen,
auf den Hügel spazierend,
entfloh ein Lied, und die blühenden
Wiesen und der Wald
schienen miteinzustimmen.
Ein alter Mann begleitete
die Sängerinnen, vor denen,
als sie ausgesungen hatten, der Jüngling
seinen Hut aus Achtung vor dem Süßen
und Tröstenden abzog,
das für ihn von den schicksalverherrlichenden
Lippen geklungen.

CHRISTBAUM

Ein Weihnachtsbaum, kommt Kinder, kommt
herein,
hat reizende, strahlende Äugelein,
draußen schneit es festzeitmäßig,
flüchtig, fleißig, lieblich, unablässig,
etwas Singendes ist am Weihnachtsbaum,
Silberflitter, Schwanenflaum,
Engelchen, zappelnde Bengelchen schmücken
das gravitätische Bäumchen zum Entzücken.

Nun sagt der art'ge Knabe Verse her,
teilweise wird ihm das Problem sehr schwer,
doch es geht, er bringt's zustande,
die Stube ist bestreut mit glitzerndem Sande,
der junge Rezitator lächelt,
das Kerzenflämmchen flackert, fächelt,
Nüsse, Äpfel und Birnen
prangen unter leuchtenden Gestirnen.
Hoch auf der Tannenspitze thront ein Mond,
auf dem Munde des Mädchens ein Verwundern
                        heimisch wohnt,
alle fühlen sich reich belohnt,
großäugig liegen Puppen in Chaisen.
Als wenn es erst gestern wär' gewesen,
daß sie noch selbst sich an Geschenken freuten,
wird's ums Herz erwachsenen Leuten.
Von der Straße tönt Schlittengeklingel,
in der Rumpelkammer sitzt ein Schlingel,
die dunkel ist wie das Vergehen,
um dessetwill'n er nichts vor sich sehen
kann, horch, sie singen
von lieben Dingen,
von Spielsach', Tanzschuhn, Fingerringen,
möge ein kleiner Teil vom fröhlichen Klingen
zu seinen Ohren dringen,
fast scheint mir hier ein Weihnachtsliedchen zu
                        gelingen!

EMPFINDUNG

Was mir so lange noch vor Augen lag,
was mich erheiterte, und was mich doch nicht

ruhig zu machen hat vermocht, Natur,
wird über kurzem weit, weit draußen sein.
Ich werde es entbehren und begeistert
besingen, dieses Leuchten, dieses Klingen
von Schällen und von Farben. Irgendwie
werd' ich's vermissen und drum doppelt lieben,
als wäre es ein Rätsel mir geblieben.
Üb'rall ist's schön,
sobald nur innerlich wir irgend etwas Schönes
                                sehn.
Horche nicht falschem Flehn.
Was du bewahrst, wird immer mit dir gehn.

DIE JAHRESZEITEN

Wenn man beliebt bei sich will sein,
stellt man sich allerlei Ergötzlichkeiten vor,
zum Beispiel, daß der Frühling wunderschön sei
wie ein aus seinem Bettchen lächelndes
Kind, und der Sommer, bildet man sich ein,
sei eine junge, kapriziöse Frau; Herbst ist
ein talentierter Knabe, mit den Trauben
erstmaligen Vergeistigtseins geschmückt,
und Gassen eines mittelalterlichen
Städtchens und Wimpel eines Segelschiffes,
umzaubert von der kühlen Atmosphäre.
Frag' ich mich, was der Winter wäre,
so freu' ich mich, eh' ich ihn mir erkläre,
ein halbes Stündchen lang an seinem frischen
Antlitz; mit einem Mädchen komme ich sodann
her und behaupte, daß des Winters heil'ges

Einsamsein jungfrauhaft mich dünkt.
Die Jahreszeiten gleiten wie im Kreise
um mein inwendiges und äußres Sein.
Im Frühling zwitschern Vögelein
bald laut, bald leise.
Vom Kind an, das mit Reifen spielt, geht es
treppaufwärts bis zur goldigen
Höhe der Lebenskraft und neigt sich
auf einem Stab beim Greise.

DER WALD (II)

Im Frühling gleicht der Wald, ich möchte sagen,
einem zagenden Fragen, wer wollt' wagen,
im Sommer nicht entzückt zu sein vom Wald?
Ich lag einst ausgestreckt an einer Hald';
ein Maler malt' mich so, und seither bin ich
als träumerisch bekannt. O, üb'raus innich,
wie eine Seele, die mit nichts als Treue
geschmückt ist, sieht der Wald im Herbst aus. Neue
Bücher werden mitunter mit den Jahren
erst wieder neu; es ist dies ein Verfahren,
das niemand reguliert. Wie prächtig ziert
an Wintertagen, sonnigen und klaren,
als glich' er einem Greis in weißen Haaren,
der Reif den Wald, wenn's über Nacht gefriert.
Jed' Jahreszeit verleiht
ihm so sein Kleid, gescheit
wird mit der Zeit, wer sich nicht lang und breit
besinnt, eh' Fehler fröhlich er verzeiht.

FRÜHLINGSBLUMEN

Wie gab sich Goethe um die deutsche Sprache Mühe.
Damit mir ein bescheidenes Vergnügen blühe,
ging ich spazieren, bis ich Anlaß nahm, zu sehen,
wie alle lieben Blümelein lustwandeln gehen.
Ich wunderte mich über dieses muntre Ziehen
und flinke Fliehen, wo es ihnen sonst verliehen
war, daß sie nur, solang sie wurzelten, gediehen.
Zum Angelächeltwerden seien sie geboren
und blieben bloß im Ruhigbleiben ungeschoren,
meint' ich, und dennoch war es jetzt ganz anders, jeden
Tag lernt man Neu's, und klügliches Dazwischenreden
hindert mich nicht, zu glauben, daß die Blümelein
Lust zum Spazieren hatten. Bilde es dir ein,
so sagst du Ja zu mir, und dies ist an sich fein,
indes ein Nein kein Sonnenschein für dich kann sein.

WIE ICH EIN BLATT FALLEN SAH

Hätte ich mich nicht nach
den zum Teil bereits nackten
Zweigen umgedreht, so würde mir
der Anblick des langsam-
goldig zu Boden fallenden,
aus üppigem
Sommer stammenden Blattes
entgangen sein. Ich hätte etwas
Schönes nicht gesehen und etwas Liebes,
Beruhigendes und Entzückendes,
Seelenfestigendes nicht empfunden. Schaue öfter

zurück, wenn es dir
dran liegt, dich zu bewahren.
Mit Gradausschauen ist's nicht getan.
Die sahen nicht alles, die nicht rund um sich sah'n.

FESTZUG

Defekte Elemente machten sich
auch diesmal selbstverständlich wieder geltend;
ich denke an ein wicht'ges Sichgebärden,
übrigens reim' ich dies Gedicht hier nicht,
damit es nicht als spielerisch empfunden
wird, und weil ich das Dichten heute mir
zum Kinderspiele machen will, o, einen,
der eine rosige Verlagsanstalt
im Grünen gründete, wobei er pleite
ging, sah ich in der Menschenmenge stehen.
Ein Zug von Kostümierten schritt vorüber.
Ein'ge kamen zum Schauspiel spät und andre
standen schon da, eh's was zu sehen gab;
am schönsten schien mir eine Amazone
zu sein, die auf dem Pferd saß, wie wenn Scharen
von Gläubigen am einsamschönen Ziel
sehnsücht'gen Wanderns angekommen seien.
Verständlich wird man finden, daß ich sage,
ein Ungeheuer hätt' mich int'ressiert
um zähneweisender Berachung willen.
Gespielt war alles nur, und die Dämonen
hatten im Sinn, sich einen Doppelliter
später an heimeligem Ort zu leisten.
Ein Mädchen in der Tracht der Ländlerin

gab vor, sie weine; herrlich sah ein Wagen,
der eine Hochzeit zu vergegenwärt'gen
schien, aus, und schwebend gleitete ein Haus
vorbei, das sich die Bauenden mit Liedern,
die zickzackförmig in den Himmel stiegen,
zusammenzimmerten. Die Köchin drohte
zierlich mit ihrer Kelle, und ein Schreiber
aus farbenfröhlichem Jahrhundert strotzte
von tintenfässeligem Gleichgewicht.
Ein Fahnenschwinger ließ die Landesfahne
wie einen Tänzer in die Höhe klimmen;
sie fiel ihm immer wieder wie ein Eigen-
tum in die Hand; mir scheint, daß allem Können
man billig ein'gen Beifall dürfe gönnen.

WEIHNACHT

In einem Buch ich las
von einem Städtchen zart wie Glas;
die Dächer, Türme, Giebel
hatten etwas von einer Fibel,
und Niedlichkeiten gab es da,
wie man sie zierl'cher nirgends sah.
Jeweilen um das Weihnachtsfest
kamen Schauspieler in das Nest
mit Heroinen und Novizen
und nigelnagelneuen Witzen.
Wie war Amalia im Park
in der Franzmoorabfert'gung stark.
Entzückend zückte sie den Degen
ihret- und ihres Lieblings wegen.

Tragisch marschierte auf die Bühne
Hamlet, der Däne, und der Hüne
Othello taumelte zur Erde
mit eifersüchtiger Gebärde.
Dieweil man noch ein Knabe sei,
agierte man im Wald Karl May,
an dessen «Sklavenkarawane»
ich hiemit literarisch mahne.
Zur schönen Weihnachtszeit glich kaum
das Kleinstadtbild nicht einem Traum.

DAS KARUSSELL

Das Karussell mit seinem Flitter
macht mich in keinem Falle bitter;
bei seinem Anblick wird's mir schnell
im engen Herzen wieder hell.
Hat sich dasselbe zugezogen,
so öffnet es sich türengleich.
Du blickst hinein wie in ein Reich,
wo alles sauber abgewogen
ist und aufs beste umgebogen.
Das Karussell versteht zu lügen,
mit schönem Antlitz, hübschen Zügen
auf art'ge Art dich zu betrügen,
du konstatierst es mit Vergnügen
und gänzlich du bezaubert bist
von seiner Kunst, die sich auf List
stützt, wie dies mit dergleichen Sachen,
die glücklich uns und heiter machen,
von jeher war. Es fährt herum,

man wird davon ein bißchen dumm,
doch grade das ist das Gescheite;
indem ich sehe, daß sich's drehe,
mein' ich, es führe mich ins Weite,
Meinung ist stets die schwache Seite,
meist bildet sie nur eine Zier.
Das Karussell spricht: «Ich bin hier,
auf einem Punkt ich täuschend stehe
als Ferne und zugleich als Nähe.»

SONNTAGSSPAZIERGANG

Auf dem Spaziergang, den ich gestern leise machte,
ich selbstverständlich vor Vergnügtheit sachte lachte.

Sonntäglich rauchten ein'ge Menschen ihre Pfeife,
auf einem Mädchenköpfchen schwebte eine Schleife.

Die Gegend schaute mich wie ein Theater an.
Wie hat es das Naturschauspiel mir angetan,

als sei ich immer noch ein junger Mensch an Jahren,
wär' eben erst ins reifre Alter 'reingefahren.

Romanisch stand in einem hübschen Gottesacker
ein Turm, und ich besichtigte danach gar wacker

das niedlich-feierliche Kirchenheiligtum,
und auf natürl'che Weise ging die Zeit herum.

Wenn man genügend, wie man sagt, gebummelt hat,
begibt man sich von selber wieder in die Stadt.

IM SPITAL

Bis mir die lieben Blümelein
die holden Wunderaugen würden zeigen,
nahm ich mir vor, mich auf den Geigen
des spielenden Geduldigseins zu üben,
die Berge schimmerten da drüben.
Ja, als ich krank im Lager lag,
sehnt' ich mich nach lebend'gem Tag,
nach Menschen, Freunden und Bekannten,
ich unterhielt mich mit den ungenannten,
von jeher nur empfundenen Sekunden,
und herrlich rund erschienen mir die Stunden.
O, im Spital
besaß ich Zärtlichkeiten ohne Zahl.

HERBST (I)

Leise kommt der Herbst herbei,
als wär' es ihm einerlei,
wann er komme, wann er gehe
und entstehe und verwehe.

Hie und da fällt schon ein Blatt,
das nicht Müh' im Sinken hat.
Von dem Baume Niederfallen
ähnelt einem kind'schen Lallen.

Braune Augen hat das Kind,
dem die Zeil'n gewidmet sind,
die ich sanft hier niederschreibe,
währ'nd ich mir die Augen reibe.

Denn im Herbste schickt es sich,
da der schöne Sommer wich,
auszusehn, als wenn man eine
melanchol'sche Träne weine.

SCHNEE (III)

Die ganze Stadt ist heute nacht
eine märchenhaft weiße Pracht.
Ich bin sacht
in den Schnee, ins fleiß'ge Schneien
hinausgegangen, um im Freien
mit lauter Stimme zu juchheien.
Ich lüge hiemit immerhin nach Noten;
für solchen feinen Herrn, wie ich will sein,
es sich nicht ziemt, vor Lebenslust zu schrein.
Solches besorgen Knoten,
die nicht gehorchen zarteren Geboten.
Ich ging denn also wirklich ganz
leise durch nicht vorhandnen Mondesglanz,
weil's schneite. Schnee ist nicht hart,
vielmehr weich, naß und zart;
herunterfall'nde Flocken
sind eher schmeichlerisch als trocken.
Es ist, als küßten
sie einen, und als wüßten
sie, wüßte es der sanfte, erste Schnee,
er tu' dem Näschen, Wängelchen nicht weh,
das er mit seinem Flaum berührt.
Wenn mich ein Irrtum nicht verführt,
erlaubte mir mein zähes Stubenhocken,
ein Winterbild von Wert hervorzulocken.

BRIEFLEIN

Ach, entzückend,
sag' ich Ihnen,
ist frühes Schneien
im erwachenden Freien.
Schulkinderchen gehen zur Schule,
da hat die Sonne noch nicht geschienen.
Wenn der Morgen so
der Nacht entsteigt,
ist er noch dunkel,
aber seine Wangen,
sobald es acht und neun Uhr wird,
fangen Feuer.
O, wie teuer,
wie lieb das Dasein sein kann.
Klopfen Sie an,
wann es Ihnen beliebt.

DAS SEHNEN

Das Fleisch, das Bier, das Brot,
das man verbraucht an allen Tagen,
wie soll ich dies nur hurtig sagen?
Du immer mich durchziehndes Sehnen,
wie Flüsse rauschen, Ebenen sich dehnen,
so mutet es mich an, und Frauen
gibt es, die mir zu schreiben sich getrauen,
sie seien mir einmal an einem lauen
Abende gut gewesen, ihre Briefe
atmen gemessne Kühle aus und Tiefe

des Denkens und Empfindens, sie vergaßen –
und, wie sie nun vielleicht am Nähtisch saßen,
erinnerten sie sich nach vielen Jahren,
wie sie bewegt von irgend etwas waren,
spielen gedankenvoll mit ihren Haaren.
Mein Sehnen, und das Sehnen aller andern
bunt durcheinander wandern.

DER FRÜHLING

Wer möchte mit Gedichtemacheleien
Frühlings entzückendes Gedeihn entweihen?
Kinderchen üben sich im Ringelreihen,
man hört den Kuckuck kuckuckartig schreien
und Bub' und Mägd' aus Frühlingslust juchheien.
Als wenn es lauter Zierlichkeiten schneien
wollt', wachsen Blümelein zu Zwei'n und Dreien
üb'rall hervor; ihn hübsch zu konterfeien,
Worte dem Wundervollen zu verleihen,
spaziert das Dichterlein im frischen Freien.

WINTER (II)

Damit es nicht stets Sommer sei,
kam pelzgeschmückt in einem Schlitten
der Winter nun herbeigeritten.
Bekanntlich blühn die Bäum' im Mai.

Jetzt aber stehn sie laublos da,
und Seen und Flüsse sind gefroren,
die Fingerspitzen und die Ohren
man oft vor Kält' schon glühen sah.

Die Schlittschuh' werden angeschnallt,
Eisfläch' belebt sich mit Gestalten,
Vergnüglichsein kann nicht veralten,
sei auch der Sport jahrhundertalt.

Die winterliche Kält' mir gibt
Veranlassung, mich zu bewegen.
Woran mir etwas ist gelegen,
auch mich deshalb ein bißchen liebt.

WEIHNACHTSGLOCKEN

Wenn es, weil's wintert, draußen schneit,
bildet man gern zu Hause eine Einigkeit,
wo man mit zierl'chem Eifer musiziert.
Wann Jahr'szeit ihre Wärm' verliert,
obwohl es schön ist, daß sich Flöcklein niedersenken,
läßt man sich gern von lieben Büchern lenken,
man kann beim Lesen an Belieb'ges denken,
und von Erinnerungen nun umschlungen,
ist man in seelisch Junges eingedrungen.
Geht man hinaus, so findet man die Temp'ratur
angenehm kalt, und es spaziert sich in den Straßen
beinahe wie in säuberlich gereinigten Gelassen,
und eine feuerrot-verschämte Wange
begleitet dich vielleicht im Geiste auf dem Gange
durch deine Stadt, auf Flocken

reimen sich glückl'erweise Glocken.
Das kann das Weihnachtsfestgeläute sein,
und Kerzenschimmer und ein Schlückchen Wein,
und ein bescheidenes Geschenkelein.

SCHNEE (IV)

Die Wälder scheinen jetzt zu schlafen,
ähnlich den Lämmern und den Schafen.
Auch ich bin wie mit Schnee bedeckt,
als hätt' ich mich vor mir versteckt.
Schnee liegt vergnügt auf allen Dächern
wie längst vergessne Brief' in Fächern,
und in Schubladen ist es dunkel,
und im Konzert gibt's ein Gefunkel
von Tönen, und in Sälen blitzen
die Kerzen, und ob guten Witzen
wird dann und wann hell aufgelacht.
Was ist der Schnee für eine Pracht!
Die Landschaft scheint nun wie gemacht,
dem Kind als Bettelein zu dienen,
Dichter dichten fleißig wie Bienen.
In Räumen sausen die Maschinen,
wo nicht getändelt werden kann.
Jünglinge, Mädchen, Fraun und Mann',
welchen Zielen geht ihr entgegen?
Schnee liegt nun auf den vielen Wegen.
Welch eine schöne Zeit ist das!
In feinen Spitzen ragt das Gras
im Acker aus dem Schnee hervor.
Wo er hinfällt, da bleibt er liegen,
bewegt sich nicht, läßt sich nicht biegen.

IM WALD

Wie Gitterstäb' an einem Tor
ragen die Tannen hoch empor.
Was gibt es in dem Wald zu sehen,
außer daß schlanke Bäume stehen?

Der Tag vergeht, die Nacht kommt bald.
Bevor es dunkel wird im Wald,
begebe ich mich durch die Tannen
und gehe später still von dannen.

Wohin mich führt mein Lebensstern,
wüßte ich manchmal nur zu gern,
doch schön ist's, zwischen schlanken Bäumen
auf angenehme Art zu träumen.

LUST DES BADENS

O, wie sehne ich mich nach dem Land,
dessen felsiger und blum'ger Rand
angeplätschert wird von Wassers Tand;
Glück ich dort schon öfter früher fand.

Meine blasse oder braune Frauenhand
wäre selig an dem lock'gen Strand,
wo die Häuser sich im glatten Spiegel
duftig abgebildet sehn, wo Winde wehn
und Bäume stehen, deren Blätter lustig
wie zum Vergnügen zittern, wispernde

Geschichten durch die schöne Gegend gehn,
an die man mit Entzücken glaubt, obschon
man keinen einz'gen Ton vernimmt davon.

Schaukelt' ich dort in einem Boote,
statt hier klavierzuspielen nach der Note
im Zimmer mit der tapezierten Wand.
Wie sehne ich mich nach dem saubern Sand
des Ufers, mit den Wellen zart zu kosen
als frei im weiten Raume Badende.

REISEN

Wie reizend ist das Reisen,
man setzt sich in die Eisenbahn,
hat angenehme Kleider an,
vorüber fliegen Häuser, Bäume,
als wären es nur duft'ge Träume.
Die Räder knattern leise.
Auf irgendwelche Art und Weise
kommt man in Konversation
und ist beinah befreundet schon,
Reisen hat einen ganz bestimmten Ton,
besteh'nd aus Freundlichkeit und Leichtsinn,
aus ein klein wenig Achtung vor dem Leben,
zu wenig nicht und nicht zu viel.
Natürlich setzt man sich ein Ziel,
man nimmt es jedoch gar nicht wichtig,
Wicht'ges wird nichtig,
denn man empfindet es als Spiel.

Heut' ist man hier und morgen dort,
wer reist, gelangt von Ort zu Ort,
die Städte, Dörfer, Flüsse, Seen,
die Gassen, Mappen, Mädchen, Buben,
die Bahnhofhallen, Lesestuben,
und was man außerdem gesehn,
wird nachher ins Notizbuch aufgeschrieben,
weil's in Erinnerung geblieben.

ABEND (III)

Abend, wie bist du groß,
verglichen mit der hüpfenden
Kleinheit des Morgens,
dem die Gefühle fehlen.
Ihn im Herzen haben,
wie seltsam schön ist das.
Seine Wange ist rot vor Wonne
über der Sonne Abschiednehmen.
Muß er sich schämen,
so seelenvoll zu sein?

KIRKE

Wie schön muß es jetzt sein, in einem Nachen
zu sitzen und ein nächtliches Tournee zu machen.
Der See liegt wie ein Seidenmantel ausgebreitet
und hat mich zärtlich zu ihm hinzuziehn verleitet.
Die Wasseroberfläche glitzert dunkelhell,

wie sind der Leichtsinn ernst und Langsamkeiten schnell.
Von oben hängt der Mond herab wie eines Zimmers
                                                    Lampe,
das Leben ähnelt einer Bühne; an der Rampe
erscheint mit Gesten zart wie Zweige einer Birke
die Mißgeschick und Glück vergegenwärtigende Kirke.

DIE INSEL

Hier gibt es, unter alten Eichen stehend,
ein Tanzhaus noch aus ehemal'ger Zeit.
Noch heute drehen sich die Paare bei
Gelegenheit umher, bis sie ermüden
und Flöten oder Geigen eine Pause machen.
O, wie die Blätter auf der Insel glücklich
sind, daß sie hier gedeihen dürfen. Wellen
umkräuseln und umtänzeln das bald höh're,
bald niedrigere Ufer, und in einem
Gebäude, das in früh'rer Zeit ein Kloster
war, wird wirtshäuselig gegessen,
und alte, säuberlich gehaune Steine,
die man im wundervollen Walde findet,
deuten auf einst'ge ems'ge Menschen hin.
Die Insel selber scheint vergnügt zu atmen,
sich ihres Daseins frauenhaft zu freun.

DIE SCHWEIZ

Im Mittelland befinden
sich auf den Hügeln luft'ge Linden;
artige Städte schmiegen
sich an den Rand von schönen Seen.
Im Jura länglich liegen
schlanke und breite Höhn. Den Feen,
schneeweißen, zu vergleichen
sind wieder anderseits
gewalt'ge Berge, die man Alpen nennt,
weit und breit man sie kennt,
im Eisigtrotz'gen liegt ihr Reiz,
von ihrem Platze sie nicht weichen.

EIN GLAS BIER

Hier in dieses Wäldchens Zier
denke ich an ein Glas Bier,
leise gehe ich dann weiter
wie auf einer dünnen Leiter.
Jugendschöne Mädchen ziehn
freundlich durch das Dickicht hin,
hin und wieder steh' ich still,
weil mir solches passen will.
Das Glas Bier ist überwunden,
das mir hätte können munden.

DAS DÖRFCHEN

Ich sitze auf der Bank
und schaue dankbar gerne
mit Augen frisch und frank
ein wenig in die Ferne.

Durchs Wäldchen kommt ein Wind
gleich einem unsichtbaren
vergnügten, lieben Kind
verführerisch gefahren.

Das Dörfchen sanft und süß,
das ich vor mir erblicke,
ich mit Empfindung grüß',
mir ist, als wenn es nicke.

Froh geht die Zeit vorbei,
behaglich ich hier träume,
als ob ich bildlich sei
wie Dörfchen, Wind und Bäume.

HERBST (II)

Man denkt im Herbst an Künstler und an Dichter,
die ihre Existenz dem Schönen weihn.
Das gelbe Laub, das an den Bäumen prangt,
erinnert an ein tapeziertes Zimmer,
worin die Gnäd'ge mit dem Pagen schäkert.
Die goldnen Augen sind berückend schön,
die dieser kurzen Jahrszeit eigen sind,
die wie das Liebesglück des Liebenden

und wie die Illusion des Mädchens aussieht.
Warum wird man im Herbste träum'risch? Weil es
in allen, die im Leben tätig sind
und sich an seinen Äpfeln, Trauben freuen,
ein unaussprechliches Bedürfnis gibt,
von den Begehrlichkeiten auszuruhen?
O, durch wie viele Fehler geht der Mensch,
und liebt er grad aus diesem Grund des Herbstes
Gesicht mit dem verständnisvollen Lächeln?

DAS STÄDTCHEN

Häuser sehn aus in ihrer Ruh',
als nickten sie einander zu.
Das Rathaus und das Postgebäude
wiegen sich wie in stolzer Freude.
Wer in die Kirche treten will,
findet sie fein und schön und still.
Das Wirtshaus, die Verlagsanstalten
vergnüglich ihres Amtes walten.
Ein altes Schloß steht auf der Höhe,
im Sonnenscheine tanzen Flöhe,
die man auch Mücken nennen kann.
Man denkt im hübschen Städtchen an
vergangenheitliche Geschichten,
an Tanten, Onkel, Basen, Nichten,
und wie es schön sei, hier zu dichten.
Ein Flüßchen zieht galant vorbei,
als wenn's ein Seidenbändchen sei.
Emsig herstellende Fabriken
selbstbewußt in die Gegend blicken,
an Fenstern sitzen nette Frauen,

die nach was Sehenswertem schauen.
Ein Wagen hält vor einem Haus,
ein Ankömmling springt keck heraus,
und Hündchen, Kätzchen, Spätzchen, Mädchen
wirken am Bilde mit vom Städtchen.

FERIEN

Wie hübsch war's für die Kinder,
aufs Land hinauszukommen,
die Straßen und die Menschen eine Zeitlang
nicht mehr zu sehn, dafür auf Bäume
klettern zu können. In dem Landhaus,
in das sich die Familie begab,
um ihre Ferien fröhlich zu verbringen,
gab's eine Menge hübscher Zimmer.
In einem Wägelchen den Abhang
hinabzurollen, ohne Schuh' und Strümpfe
auf ländlichem Gebiet umherzugehn,
war reizend. Abends konnte man auf einer
Terrasse sitzen und die Stadt erblicken,
die Stoff zu allerlei Gesprächen darbot,
und die man, wenn die Ferienzeit vorüber
gegangen sei, vergnüglich wiedersähe.

ABEND (IV)

Am Abend stehn die Bäume traumhaft still,
wie wenn jemand an etwas denken will,
kein Lüftelein sich regt, kein Zweigelein
mag jetzt noch scheinbar in Bewegung sein.

DER LESER

Mit einem Bahnhofhallenbüchelein
setzt' er sich in ein Nest hinein.
Er sah von Hotelgouvernanten
sich angekränkelt, die ihn bannten.
Das Nest, wovon soeben ich gesprochen,
hat ihn mit seiner Heimlichkeit bestochen,
ein Plätzchen war's ,von feinen Zweigen
beschattet, Amoretten neigen
sich dort ob ihm und seinem Lesen, Träumen,
um kosend ihm den Kopf zu säumen,
im Blätterreiche summen Fliegen,
die um den würz'gen Duft sich biegen,
und der, der in dem Büchlein liest,
glücklich ob dessen int'ressantem Inhalt ist,
güt'ge Blumen umschmeicheln ihn,
kostbare Zeit geht sorglos hin.

DIE KIRCHE

Wie war es in der kleinen Kirche freundlich,
wo der Gedanke der Gemeinsamkeit
Seelen lebendig werden ließ. Ein Mädchen
fiel mir durch ihre schwärmerische Haltung
und eine Frau, die ich zu kennen glaubte,
durch beinah allzu strenges Wesen auf,
vielleicht die Wünsche ihres Herzens fürchtend,
da das Empfinden nicht korrekt ist. Worte
von Harren und Geduld verkündete
der sprachgewandte Mund des Pfarrers. Dann

und wann trat ein Verspäteter ins Innre
des Gotteshauses, das die Friedlichkeit
verklärte. Als die Feier fertig war
und man hinaus ins Freie trat, erfreute
die Sternennacht die kleine Menge Leute,
die auf verschiednen Wegen sich zerstreute.

DIE KLEINEN

Irgend etwas zum Lesen
erhalten, weil sie in den Scharen
verfloßner Tage folgsam waren,
die hübschen, kleinen Wesen.

Sachen zum Spielen, Lachen
werden gewiß geeignet sein,
den zarten Kinderherzelein
helle Freude zu machen.

Geschenke zu empfangen,
kann nicht viel Schwierigkeit bereiten.
Süß sind die Herrlichkeiten,
die an dem Weihnachtsbaume prangen.

Vergnügen an den Gaben
hat, wer begabt ist mit der feinen
Art der Vertraulichen und Kleinen,
die einen frohen Glauben haben.

LEBENSFREUDE

Wie schön ist's, wenn man ruhig ist
und zu sich selber nichts mehr sagt.
Da sieht man glückliche und schöne Menschen,
reizvoll zu einem Kreis vereinigt,
sich unter Bäumen an Gesprächen amüsieren,
niedliche Tänzerinnen sich im Takte
eines Konzerts bewegen. Die Natur
hat eine zuckerbäckerhafte Süßigkeit;
Kostüm', anmutige Gebärden! Auf dem Wasser
ergötzen solche, die in Booten schaukeln,
sich an dem Gleiten über einen Spiegel,
die Landschaft sieht gemäldeartig aus,
das Leben, bildet man sich ein, sei ewig,
unmöglich sei unangenehmes Scheiden
von blümeliggeschmückten, holden Weiden.
Wie ist das Sterben und sein herbes Leiden
schwer in ergieb'ge Worte einzukleiden.

EINLADUNG

Besuche mich einmal,
es lohnt sich schon der Mühe,
auf Höhen und im Tal
weiden gedankenlos die Kühe.

Mach' dir nicht viel Ideen,
wenn keinerlei Gedanken
in deinem Kopfe zanken,
bist du von allen Menschen gern gesehn.

Ermut'ge dich und komm',
ich will dich gut empfangen,
die Vöglein singen fromm,
sobald du nur willst angelangen.

Die Blumen und das Gras,
die Blättelein, die zarten,
ich dich versichre das,
mit Freuden deinen Schritt erwarten.

APRIL

Gesichterchen sind rot und blau,
das Wetter gab sich ringelnatzig,
der Wind sprang rücksichtslos und patzig
umher und war durchaus nicht flau,
nahm's mit dem Umgang nicht genau.

Auch ich bin rasch wie er gelaufen,
ich liebe es, mit ihm zu raufen,
im Regen und im Sonnenschein
aprillelig belebt zu sein
und nachher ruhig auszuschnaufen.

SOMMER

Im Sommer ißt man grüne Bohnen,
Pfirsiche, Kirschen und Melonen.
In jeder Hinsicht schön und lang,
bilden die Tage einen Klang.

Durch Länder fahren Eisenbahnen,
auf Häusern flattern lust'ge Fahnen.
Wie ist's in einem Boote schön,
umgeben von gelinden Höhn.

Das Hochgebirge trägt noch Schnee,
die Blumen duften. Auf dem See
kann man mit Glücklichsein und Singen
vergnügt die lange Zeit verbringen.

Reich bin ich durch ich weiß nicht was,
man liest ein Buch und liegt im Gras
und hört von üb'rall her die dummen
unnützen Mücken, Fliegen summen.

KAHNFAHRT

In jeder Hinsicht schön und zart
verlief im Kahn die Wasserfahrt.
Am Ufer standen schlanke Zedern,
von Frauenhüten fielen Federn.
Das Boot in einem fort glitt hin;
wir machten alle gute Mien'
zu Möglichkeiten und zu Grenzen.
Mit Artigsein und mit Scharwenzen
verfloß die Zeit; der Tag war lang.
Unter der Mandoline Klang
landete man an netten Plätzen,
wo man ins Gras sich konnte setzen.
Die vielen tausend Blättelein
schienen für sich vergnügt zu sein.

Das Essen schmeckte uns im Freien,
als ob's gebratne Täubchen seien.
Am Abend zogst du aus dem Glück
dich in die Häuslichkeit zurück.
Die wunderhübsch verbrachten Stunden
in der Erinn'rung manchem munden.

IM WALDE

Wie heimelt's mich jeweilen an,
wenn ich, was ich schon oft getan,
im stillen, lieben Walde stehe
und ringsum nichts als Schönes sehe.

Falls ich nicht sehr im Irrtum bin,
flaniere ich dann her und hin
und mein', ich sei in einem Zimmer,
umwoben von gemaltem Schimmer.

Die Freundlichkeiten, die ihm eigen,
will er mir alle gerne zeigen,
und nie, sofern ich offen sei,
bracht' er mir Langeweile bei.

Ihn, mit den Blättlein ungezählt,
hab' ich vergnügt mir auserwählt,
um zwischen seinen duft'gen Bäumen
Zeit zu vergeuden und zu träumen.

WINTER (III)

Still ist alles und so fein,
daß man meint, im Bett zu sein.
Winter will mit seinem Schnee,
daß ich Schönes an ihm seh'.

Maler malen Zauberbilder.
Komm' ich mir nicht selber milder
in der weichen Einsicht vor,
daß ich mancherlei verlor?

In der Tat ist Winterschlaf
offenbar gescheit und brav.
Über's weiße Feld zu schauen,
spendet Ruh' und gibt Vertrauen.

Fein ist Schnee wie das Verzeihn,
das von selber will gedeihn.
Seht, wie's liegt auf Weg' und Hecken,
was wir keineswegs bezwecken!

DER HANDWERKSBURSCHE

Noch läßt der Halbmond sich erblicken,
dunkel ist noch der frühe Tag.
Am Landschaftsbild gibt's nichts zu flicken,
das keiner korrigieren mag.

Die reizende Natur begrüßend,
nimmt Abschied er vom Herbergshaus.
Die Seele sich mit Mut versüßend,
zieht er ins Leben nun hinaus.

Die Vöglein zwitschern durchaus vöglig,
die Tannen stehen schlank und stumm,
noch einmal wendet er womöglich
im Gehn sich nach dem Haus herum.

«He, Handwerksbursch, warum so munter?»
«Ich weiß es nicht» erwidert er ...
«Du kommst wahrscheinlich schnell herunter!»
«Dann stelle ich mich wieder her.»

Das hübsche Haus ist jetzt verschwunden,
doch Handwerksburschenart und -weis'
hat sich noch immer ausgefunden
auf fröhlich angefangner Reis'.

SCHLAF WOHL

Schlaf wohl mit deinen hübschen,
unschuldigen und lust'gen Grübchen,
ruhe auf deinen leichten Launen lieblich aus
im zierlichen und duft'gen Haus.

Schlaf wohl, mein hübsches Liebchen.
Gleichen nicht meine Verse einem Diebchen,
das sich ins horchende Gehör dir stiehlt,
obschon dein schöner Mund mir Ruh' befiehlt?

DAS KIND SINNT

Oft uns gutsituierte Leute dadurch hintergangen haben,
daß sie kärglicher als Ärmliche gewesen sind.
Auch mein Viel' und Weniges war seh'nd und sogleich
wieder blind.
Gleichen nicht mitunter starke Männer darin schwachen
Knaben,
daß sie sich an andrer Schwächlichkeiten schadenfröhlich
laben?
Über dem Gefilde unsrer Uneinsichten lauern Raben.
«Herrin, schau auf dich nicht minder kritisch als auf das
Gesind',»
rufe ich ihr zuversichtlich zu als ihr ergebnes Kind.
Honigwaben
süßmundende Speise sind.
Langsam und geschwind
den Weg zu ihrem Angesicht ich ganz gewiß noch ein-
mal find'.

DAS TÄGLICHE LEBEN

Die Menschen eigneten sich Mäßigkeit
an, und drum nannte man sie mittelmäßig.
Um zwölf Uhr gingen sie zum Mittagessen,

verrichteten zufrieden ihre Pflicht,
um nachts vergnüglich in den netten Betten
zu schlafen und am andern Tag denselben
geordneten Verlauf der Dinge zu
erleben, und die Eisenbahnen sprangen
mit eherner Behendigkeit auf Schienen,
die in der Sonne bläulich glänzten, in
die Ferne, um sich fahrplanhaft in dieser
oder in jener Gegend einzufinden.
Mechanisch liebten Mädchen sich und Jüngling,
und Mann und Frau versuchten sich zu fassen;
Kinderchen hüpften folgsam in die Schule,
und Banken kündigten jeweilen jährlich
die Reingewinnserheblichkeiten an.
Um mich nicht unbesonnen zu entflammen,
nahm nun auch ich mich mehr und mehr zusammen.

DAS MÖBLIERTE ZIMMER

Stellt man zuviel hinein,
so wird ein Raum nur klein.
An Möbeln oder Bildern
vermag er zu verwildern.
Sofa, Bett, Stuhl und Schrank
machen seine Schlankheiten gleichsam krank.
Manche sonstige Sachen
im Zimmer sind zum Lachen.
Die Krüglein, Statulein und Muscheln
scheinen zu flüsterlen und tuscheln.
Die Decken, Kissen, Zöttelein
wollen nicht leicht vereinbar sein

mit der Idee der Gegenwart.
Vergangenes nippsächelt allzu zart
in die Beschaffenheit des Tags; ein Raum wird weiter,
heller, vernünftiger, gescheiter,
wenn man ihm nicht
auf sein ursprüngliches Gesicht,
dadurch, daß man ihn voll mit Zierat stopft,
irgend ein andres, reich'res, üppigeres pfropft.
Das Zimmer an und für sich gibt dem Zimmer
genügend Qualität und Schimmer.
Zu vieles Können, Wissen
könnten manche Menschen famos vermissen.
Man wäre mehr,
belüde man sich nicht so sehr
mit wunder
weiß was für Plunder.
Beständiges Behüten und Behalten
macht, daß man Falten
bekommt und sich sieht alten und erkalten.
Ein Raum ist nimmer dazu da,
damit er bleibe, wie man ihn von jeher sah.

ANNEHMLICHKEIT DES KLAGENS

Niemand braucht sich verlassen vorzukommen,
doch denke ich, es gebe viele, die sich
einbilden, daß sie einsam sind.
Hier leb' ich wie ein Kind, bezaubert
von der Idee, daß ich vergessen worden bin.
Vielleicht gibt es nur wen'ge, die sich derart
erquicken können. Üb'rall sei ein wenig

Sonne, sage ich mir, und Wind und Schatten
und glänz'ge Freudenaugenblicke
und Trauer, adlerhaft aus Höhen
des Menschseins auf die Seele niederstürzend.
Gewiß vergessen sich die Menschen schnell,
doch muß sich jeder meiner Meinung nach
schuld an dem Umstand geben,
daß die, die man vergessen hat, selbst wieder
vergeßlich ihrerseits gewesen sind.
Über etwas Natürliches zu klagen,
ist manchmal immerhin ganz angenehm.

KEINER HAT EINEN FEHLER

Einer ist hier- ein andrer dorthin
gegangen, und sie hängen, zappeln
wie Blätter an den Zweigen. Sonderbar,
wie keiner mehr ein Fröhl'cher ist.
Jeder verzagt und sagt es offenkundig,
als wenn es eine Selbstverständlichkeit geworden sei,
nicht sicher seiner selber mehr zu sein.
Die Augen schauen und die Ohren horchen
wie sonst, doch die Begabung, eine Hoffnung,
die man Genie nennt, ihnen abhanden kam,
in jedem lauert eine Art von Gram,
die Leichtigkeit in uns ist lahm,
das Schwere schwerer noch geworden. Einstmals
war's anders. Heut' ist keiner mehr so trostlos,
wie Glückliche es ehmals war'n, die aus
dem Unglück ein Zufriedensein sich schufen,
sie zappeln, zitterlen wie Blätter,

Gefangne ihrer Mittelmäßigkeit,
untätig an den Zweigen hängend.
Keiner hat einen einz'gen Fehler mehr.
Fehler sind es, die ihnen fehlen.

NUTZEN DES REDENS

Worüber man sich mündlich unterhält,
das sieht man auch schon mit den schau'nden Augen.
Das Sprechen will zu irgend etwas taugen,
und das Gespräch ersetzt uns eine Welt.

SCHLAF

Wie unbedeutend doch das Leben ist,
es mutet wie ein freundliches Gesicht an,
worin man nicht viel Int'ressantes sieht.
Irgendwo wird Musik in einem Garten
gemacht, es wird spaziert, man ißt und trinkt
und geht und schläft, und an die Restaurants,
und an die tägliche und sonst'ge Arbeit
haben sich alle, die sich sagen, daß sie
Mitglieder der Gesellschaft sind, gewöhnt.
Das, was man als Bewegung und so weiter
empfindet, ähnelt einem Schlaf. Vergessen
einander nach und nach so gut wie alle
in weiten Lebens seltsam-heller Halle?

WARUM NICHT RUHIG SEIN?

Warum sie nur so eilen,
statt weidlich zu verweilen.
Wie kann man derart springen
und eifrig überbringen,
anstatt mit seinen Sachen
zu warten und zu lachen,
ein Liedelein zu singen.
Wie kann man nur so hurtig sein
mit willigen und frommen,
voreiligen Geschenkelein,
statt außer Atem nicht zu kommen.
Sich Einfluß zu erschwingen,
nur schwierig will gelingen,
auch oft mit Fleißentfachen
man nicht kann Eindruck machen.

FAMILIENLEBEN

So und so oft hat man zu Nacht gegessen,
gekocht, gebügelt und genäht,
durchs Fenster hat ein leiser Wind geweht,
taglang ist man mit einem Buche stillgesessen.
Man absolvierte und empfing Besuche,
in einem Walde sah man eine Buche
und hörte im Konzertsaal viel Musik.
Indes die Kinder älter wurden, fingen
die, die sie zeugten, still zu welken an,
die Tagesarbeit wurde prompt getan,
die Augen hie und da was Schönes sahn.

Wäsche, Schuh', Kleider wurden eingehandelt,
die und die Connaissancen angebandelt,
Schulhaus, Theater und Ersparniskassen,
Löffel und Gabel, Teller, Kannen, Tassen,
abwechselndes Willkommenheißen, Hassen,
sich im Familienleben blicken lassen.

DAS SCHÖNE

Da dachten alle nur noch an den Magen,
ich meine, an die Köstlichkeit der Küche,
an die Vollkommenheit der äußeren
Erscheinung, daran, daß sie den und den
untadelhaften Eindruck machen würden,
Kleidung und Wohnung und das freud'ge Lächeln,
aber in immer größere Entfernung
gingen die Herzen; Mut zu haben war verpönt,
sie waren sicher alle sehr verwöhnt,
weil sie sich so vernünftig, ungemein
richtig Notwendiges zu fassen wußten,
doch nach dem Fühlen sehnten sie sich sehr,
das Fühlen war schon längst nicht Mode mehr,
wo flöge dieses Schöne für sie her?

HOHE SCHULE

Beim Warten, beim Enttäuschtsichfühlen
wird keiner fehlen.
So vorteilhaft er sich auch mag vermählen,
wird er sich selber unterwühlen.
Auf den Theaterstühlen
sitzt man am liebsten nun mit kühlen,

vornehmen, feinen, klugen Abneigungen,
und wenn das Stück hat ausgeklungen,
zieht man mit schicklicher Verdrossenheit
nach Hause. Keiner ist gescheit,
der nicht, wie Verdi, noch mit achtzig Jahren
mit einem Werk kam angefahren.
Alle in unsern Zeiten haben Schulden,
und keiner kommt daher zu kurz beim Dulden.

DAS BÄCHLEIN

Es fließt ein Bächelein,
das still für sich will sein.
Bäume mit ihren Zweigen
sich zu den Wellen niederneigen,
die nichts als fließen wollen,
lustig übereinanderrollen.

Ein Dichter sitzt beim Lampenschein
und kritzelt ein Gedichtelein,
das Leben bildet einen Reigen,
die einen reden, andre schweigen.
Was der nicht hat vollbringen sollen,
nimmt und gibt jener aus dem vollen.

DANIEL IN DER LÖWENGRUBE

Vielleicht, daß sie gerade volle Mägen
hatten und auf die Beute sich zu legen,
ihnen nicht in den Sinn kam. O, er schaute

sie so an, daß es ihnen vor ihm graute,
als hätten sie die fürchterliche Güte
empfunden, die wie eine flamm'nde Blüte
abstrahlt' von ihm. Am Rand des Löwenloches
duftet' und jubiliert' und klang und roch es
nach eines göttlichen Verbrechers Sieg,
der Parfüm ihnen in die Nasen stieg,
die ihm den Untergang bereiten wollten,
nun aber mit Erstaunen sehen sollten,
wie seine liebenswürd'gen Lebenslichter
befangen machten seine zott'gen Richter.
Was witterten sie denn an Daniel?
Leiblich Gering's und eine große Seel'?

JUNGER JOHANNES

Ein Wasserfall im Hintergrund,
ein Knabe gibt mit liebem Mund
der Welt die Friedlichkeiten kund.
Er streichelt mit gelaßner Hand
sein Schäfchen und ein weißes Band
hängt als bedeutungsvoller Tand
vom frommen Hirtenstab herab.
Gar schön benimmt sich dieser Knab',
man liest ihm schon Erfahrung ab.
Die Zerspaltung
bricht sich an seiner edlen Haltung,
seines Gewandes lieblicher Faltung.

DAS CHRISTKIND

Nicht glänzend ging es damals zu,
ein Kälbchen machte friedlich muh,
ein Eselchen stand an der Krippe,
beschnüffelte mit seiner Lippe
ein kleines Bündelchen von Stroh,
es gab noch keinen Bernhard Shaw,
ein Satz, womit ich illustriere
die Einfalt meiner lieben Tiere,
die man am Abhang weiden sah.
Als sei die Nacht dem Tage nah,
war's hell üb'rall in der Umgebung,
und in bezug auf die Bewegung,
die ich dem Lied hier geben will,
verhielt sich die Madonna still,
als sei sie selig; ihr Gemahl
stand im durchaus nicht prächt'gen Saal,
als habe sich hier nimmermehr
etwas ereignet, das er sehr
schwer etwa hätte nehmen müssen.
Die Hirten würden es nun grüßen,
das kindlich auf dem Schoß ihr lag,
und ich nun nichts mehr sagen mag,
weil es mir scheint, was ich berichte,
beziehe sich auf Weltgeschichte.
In engem Stalle fing die Bahn
von etwas Einflußreichem an.

MARIA IM ZELT

Sie nahm ihr Kind bloß auf den Schoß,
wurde verehrenswert und groß.
In allem erdenklichen schönen Sinn
knieten Könige vor ihr hin.
Sie wußte nicht, woher sie's hatte,
die reine Inbrunst war ihr Gatte.
So hättest du's auch machen sollen,
anschauen mit solch würdevollen
Augen, was zu Gesicht dir kam,
mit solcher majestät'schen Scham,
so voll Bewußtsein, daß die Liebe
zum Kinde unantastbar bliebe.
Die Geschenke ihr zu Füßen,
betrachtet sie den Süßen,
und durch das ganze Rund
der Erde gibt sich kund
ein frohes Anerkennenmüssen,
von Mund zu Mund ein Grüßen.
Und so gescheit wir worden sind,
wir knien noch heut' vor diesem Kind.
Weshalb stellt
sich alle Welt
vor dem Zelte auf die Zehe,
drängt einer den andern in die Nähe,
daß er's sähe?

JESUS, UNERKLÄRLICHER

Weiß er, ob er sie retten kann?
Er sieht so rätselhaft sie an,
und ist er denn ein Zaubermann?
Das Mädchen liegt so sanft im Lager
und ist so hilflos und so mager,
und er, der stille, hohe Frager,
denkt wirklich er daran, sich nun
als Lebensspender aufzutun?
Wir sehn ihn sichtlich in sich ruhn.
Das kreiden-
weiß angefärbte Leiden,
und ihn darf sein seiden-
weiches Mitleid so herrlich kleiden?
Gewiß er ein gar Guter war,
er brachte sich zum Opfer dar,
uns wird er niemals klar.

DER VOLLENDETE

Er aß vom Brot und trank vom Wein
und warf das Wort dann ins Gespräch hinein:
«Einer von euch wird mich gewiß verraten.»
O, wie die Jünger jetzt erschrocken taten,
als solche Silben ihren Ohren nahten.
Wie ein bereits Verratner saß er da,
denn daß sich das ereignen mußte, sah
sein Herz so lebhaft ein, als wär's geschehen.
Wohl hört' er anderseits die Schüler flehen:
«Gib zu, daß so etwas unmöglich ist,

da du ja unser Stern und Führer bist.»
War es Gesellschaftskunst bei ihm und List,
daß er sich preisgegeben wissen wollte?
Schon längst nicht mehr den Beifall er sich zollte,
wie er sich früher stets von selber gab,
als er durch Fluren schritt am Wanderstab.
Sie sprachen auf ihn ein; er sagte: «Hab'
ich euch gesagt, was ich nicht sagen sollte?»
und aß vom Brot und trank vom Wein.

DAS SCHMERZENSANTLITZ

Sie brockten dich in ihre Suppe,
benützten dich als ihre Puppe.
Du fühltest, wie sie mit dir spielten,
auf deine gute Absicht zielten.
Was spiegelt nun dein Antlitz wider?
Weshalb schlägst du die Augen nieder?
Die Vöglein singen ihre Lieder,
nicht lange mehr, so blüht der Flieder.
Du großer, lieber, guter Mann,
der Kranke lächeln machen kann:
Wo denn und wann
fing, was in dir so Schönes sann,
zu welken und verzagen an?
Du sprichst kein Wort mehr,
von dort her,
wo dir die Kraft zur Liebe kam,
begegnete dir nur noch Gram.
Lang blieb ich neulich vor dir stehn,
an deinem Leid mich sattzusehn.

DER GEKREUZIGTE

Hier hängen Peitsche und die Rute,
die man für all das Lieb' und Gute,
das er getan, zu spür'n ihm gab,
damit er sich am Weh erlab'.
Für ihn gab es so harte Strafe,
weil er an Frömmigkeit dem Schafe
glich. O, mein liebes Jesulein,
du wahrtest leider nicht den Schein
und kamst aus diesem einz'gen Grund
erbarmungswürdig auf den Hund.
Die dir zu irgendwelcher Stund'
von roher Hand gegebne Wund'
hat Ähnlichkeit mit einem Mund.
Du hättest hie und da mal Schund
vergnüglich lesen sollen und
im übrigen über die Leute leise lächeln.
Was im allgemeinen aus einer Windel
stammt, ist ein Gesindel.
Hättest dich mit deinem Geschmack, deiner Bildung
                                                  fächeln
lassen können, auf schwellenden Kissen
lagernd, nicht geißelhiebzerrissen,
wie man dich in Museen abgebildet sieht.

WIR SEHEN IHN LÄCHELN

Wie schaute diese junge Frau
mich lieb an, und geliebt und bewundert
von Geschlechtern, die längst nicht mehr

vorhanden sind, gleitet er in immer gleicher
Ruhe vorüber, und man liebt ihn
auch noch heute, findet ihn auch noch heute
gut und groß und schön, und es wird
so bleiben, aber er wird es niemals wissen,
und es wird uns scheinen, als fliehe er.
Unausgesetzt verläßt er uns,
aber es liegt in seiner starken Art,
und das Schicksal will es so haben,
daß er der Wanderer und zugleich
der Häusliche ist; so oft er geht, so oft
kommt er her; niemand macht's ihm nach,
so jung zu sein. Auf nichts achtet er,
doch eben dies ist das Schöne an ihm.
Nie kommt für ihn der Augenblick,
wo er sähe, wie er sei.
Wie lieb sie blickte, die schöne junge Frau,
und ich hatte gar nichts Schmachtendes an mir,
und er, er, warum wurde er erfunden?
Daß man ihn zu allerhand benutzt?
Sieht man ihn so zart, wie dächte man
an sein Herunterstürmen über die Felsen!
Uns umlächelt er, aber das Lächeln,
o, welchen Wildnissen es entstammt. –
Ob's wohl eine Lust ist, Strom zu sein?

DER VERLORENE SOHN

Er rauchte, trank und spielte Karten
im weitverzweigten Lebensgarten.
Als ganz verlotterter Gesell,

als ausgesprochene Ruine
trat er vor seines Vaters fromme Miene,
zu dem er sprach: «Ich bin verloren.»
Mägde und Knechte spitzten ihre Ohren,
der herzensgute, alte Mann
fing erbärmlich zu schluchzen an,
da er den heimgekehrten Lumpen
zu Boden stürzen sah wie einen Klumpen.
Rembrandt hat diese Rührungsszene
herrlich gestaltet, wie ich wähne.
Manche entzückendschöne Träne
entglitt im Kreis dem und dem Auge.
«Ich jetzt wohl rein zu nichts mehr tauge»,
murmelte der total Zerzauste nicht so schnell,
als ihn der Güt'ge hell
im Liebeslichte strahlend, von der Erde
aufhob, damit er wieder wacker werde.
Der andre, der zu Haus geblieben war,
stets seine Pflicht erfüllte bis aufs Haar,
fühlt' sich nicht heimisch in der Schar
derer, die um verlornen Sohnes Wieder-
gefundenheiten willen Weihnachtslieder
in sich erklingen hörten, gerne wär' er
weniger übellaunig, mürr'scher, schwerer
gewesen. Immer hatte er das Rechte
getan. Und jetzt? Jetzt stand der Schlechte
beseligt bei den Seinen.
Wie ließ sich mit dem messenden Verstand,
worin der Neid sich kläglich wand,
das Neugeborene vereinen,
dies Etwas, über das nun alle fröhlich mußten
                                        weinen?

DON JUAN

Einen Armen um Erbarmen
konnt' ein's Tags er flehen sehn.
Mit ergreifenden und warmen
Worten klagt' den guten Mann
herrlich eine Dame an.
Schuhe hatten hohe Stöcke,
Mädchen trugen bunte Röcke.
Wer für Reiz empfänglich ist,
wendet Schliche an und List.
Niemals gab es einen feinern
Bösewicht; ein Kommandant,
trocken, feierlich und steinern,
hat ihm Mahnung zugesandt,
die er jedoch flott und sachte,
unerschütterlich verlachte.
Fröhlich, friedlich war sein Trieb,
er war liederlich und lieb.
Seine Eigenschaften hatten
Sonnigkeit sowohl wie Schatten;
um das Schöne seines Wesens
mühte man sich ab vergebens.
Trinken, flunkern sah man ihn,
Tage, Nächte flohen hin,
über heiliges Prinzip
lächelt' er mit schnipp'scher Lipp'.
Schreitet nicht auf seinen Wegen
hochverehrte Herrn Kollegen!

DER SPIESSER

Du mußt ihn bloß ein bißchen loben,
gleich fühlt er sich unglaublich oben;
wie abhängig er ist,
entgeht seiner kleinlichen List;
er ist in gleichem Maß gerieben,
wie er rückständig geblieben;
wagst du ihn zu lieben,
sogleich beehrt er dich mit Hieben;
ich mind'stens hebe
ihn nicht, ohne daß ich bebe,
es lebt in seinem Wesen drin
absolut kein Edelsinn;
Takt hat er keinen,
hat nichts wie seinen
Profit im Auge, das nicht sieht,
wie das Leben vorüberzieht,
Tag um Tag entflieht,
wie die Erde ohne ihn geriet;
seinem Schöpfer dankt der Spießer nie,
denn er hat halt keine Poesie.

DER SÄNGER RIZZIO

Wenn ich mit Achtsamkeit bei ihm verweile,
bekam er einen flotten Monatslohn.
Die Briefe, die er schrieb in noblem Ton,
bedurften weiter meistens keiner Feile.

Ich melde nun mit abgemeßner Eile:
Gewiß gefiel es ihm in holder Protektion.

Dieser Zypressen- und Orangensohn
war wie geschaffen für der Liebe Pfeile.

Stets Überlegener kann man nicht sein.
Unmöglich konnt' er immer höher steigen,
ihm mußte eine Kläglichkeit sich zeigen.

Geist und Begabung, Samt und Pracht und Geigen
und süßer Zeitvertreib im Kerzenschein
stellten ihr Schimmern eines Tages ein.

PASCIN

Im Grunde zeichnete er kom'sche Dinge
ein bißchen zierlich und ein wenig plump,
ich meine, zart und frech zugleich war alles,
was seinem Stift entfloß. Zeitweis besaß ich
ein Bild von ihm, das meiner Magd mißfiel,
die mir empfahl, es ihren Augen zu entziehen.
Seine Persönlichkeit traf mit der mein'gen
potsdamersträßlich eines Nachts im Schimmer
eines Kaffeekonzertlokals zusammen, lispelnd
gab sich die Unterhaltung, die wir führten.
Arbeiter machten sich noch spät im Frei'n zu schaffen,
als wir nach Hause gingen. Seinen Blättern
widmete die Kritik bisweilen einen Hieb,
indem Unangenehmes er mit Nettem
verknüpfte. Lukas Kranach malte göttlich
naive Nuditäten von natürl'cher Vornehmheit,
und immer wird derjen'ge was riskieren,
der einmal angefangen hatte, sich zu zieren
und dann vielleicht darauf verzichtet – Jeden
begleiten hündchenähnlich seines Wesens Schäden.

VAN GOGH

Der arme Mann
es mir nun mal nicht antun kann.
Vor seiner gröblichen Palette
zerstreut in mir sich jede nette
Aussicht ins Leben. Ach, wie kalt
hat er sein Lebenswerk gemalt!
Er malte, scheint mir, nur zu richtig.
Will jemand sich ein wenig wichtig
vorkommen in der Ausstellung,
so wird ihm bang vor solchen Pinsels Schwung.
Schrecklich, wie diese Äcker, Felder, Bäume
einem des Nachts wie klob'ge Träume
den Schlummer auseinanderreißen.
Hochachtung immerhin vor heißen
Kunstanstrengungen, beispielsweise
vor einem Bild, worin im Irr'nhauskreise
Wahnsinnige zu sehen sind.
Den Sonnenbrand, Luft, Erde, Wind
gab er ohn' Zweifel prächtig wieder.
Doch senkt man bald die Augenlider
vor so selbstquälerischer Stärke
in doch nur halbbefriedigendem Werke.
Zu grausen fängt's ein' an,
wenn Kunst nichts Schön'res kann,
als rücksichtslos ihr Müssen, Sollen, Wollen
vor schau'nden Seelen aufzurollen.
Wunsch, wenn ein Bild ich seh',
liebkost zu werden wie von einer güt'gen Fee,
geh, geh, adee!

DER BERNER MALER ALBERT ANKER

Er malte Mädelchen und Buben,
Gemeinde-, Schul- und Bauernstuben,
und wenn er durch sein Seeland ging,
er mit dem Herzen an ihm hing,
und imposante Herren Schreiber,
Braut, Bräutigam und alte Weiber
hat er, was ihn für immer ziert,
mit Emsigkeit charakt'risiert.
Großväter, Häuser, Kinderlein
zeichnete er paris'risch fein.
Ein Bild von ihm vergess' ich nimmer,
es führt dich in ein stilles Zimmer,
worin im Bett ein Mädchen liegt,
das aus dem Leben weggegangen.
Weil Abbildungen ihm gelangen,
die sich hinauf ins Schöne schwangen,
lebt er mit seinem Lebenswerke
in unverminderlicher Stärke
fort, und im Volk hat er gesiegt,
da er bezüglich seiner Treue
weit eher glänzt als manches Neue.

LINDBERGH

O, wie blühn Kastanienkerzen
reizend nun in Gärten von Administrationen.
Wenn sich's würde lohnen,
unternähm' ich jetzt eine Reise zu Fuß.

Ob denn aber immer etwas muß
erlebt, geschrieben werden? Ihre Schmerzen,
als ich beschäftigt war, mit ihr zu scherzen,
trug mir eine Mutter vor aus beengtem Herzen.
Weil ich in gewissem Sinn
etwas wie eine Anerkanntheit bin,
fliegen Zeitschriftnummern gratis zu mir hin.
Abgesehen jedoch davon,
daß es hübsch ist, wenn Dienstmädchen Schuhe
                                    schwärzen,
machte mich Nordamerikas Sohn,
dem mit fünfundzwanzig Jahren schon
so Großes gelang, sehr anspruchsvoll,
vor Begeisterung,
ob seinem Schwung,
sozusagen zunächst ganz toll,
mir mit Kunst und so weiter keiner kommen soll!

DAS SONETT VOM ZUCHTHAUS

Hier, wo die edelabgewogne Geste
galt, und wo wohlgeformte Redensarten
Anfragende gehorsam hießen warten,
wo beim gediegenen und prächt'gen Feste

manch Herz wohl zittert' unter seidner Weste
und Herrn und Damen in gewähltem, zarten
Betragen sich ergingen durch den Garten,
des Landes rings bedeutendste und beste

Gesellschaft unter zierlichen Allüren
auftrat, und wo die Klinken an den Türen
achtunggebietend glänzten, und Karossen

vierspännig an dem Volk vorüberschossen,
hier sehn sich heute solche eingeschlossen,
die so sind, daß man sie nicht soll berühren.

RÄTSEL

Wie kommt dem Lehrer strafbar vor ein liederlicher
Schwänzer.
Sahst du schon je, daß Bäume tanzen wie gebundne
Tänzer?

Ihre Bewegungslosigkeit ist zaub'rische Bewegtheit.
Häuser sind eine geh'nde, seh'nde, spring'nde
Hingelegtheit.

Ähnlich ist's mit der Schönheitswirkung von verlaßnen
Frauen,
schaffender Trägheit, mißtrauenumzittertem Vertrauen.

Ruinen können leben, Aufgerichtetes kann tot sein,
E. T. A. Hoffmann meint, zur Mozartoper passe Rotwein.

Du dich auf angenehmste Weise geistig, seelisch weitest,
wenn Fröhlichkeiten andrer du mit eigenen begleitest.

Sobald er dich zu seinem Mutwill'n fröhl'che Mien'
                              sieht machen,
hört auch der ausgelassenste Verlacher auf mit Lachen.

Die Spötter sind am Ende doch nur Sehnende wie du,
und jedem schloß die Lebenstür sich irgendeinmal zu.

DER SCHNEE

Der Schnee fällt nicht hinauf
sondern nimmt seinen Lauf
hinab und bleibt hier liegen,
noch nie ist er gestiegen.

Er ist in jeder Weise
in seinem Wesen leise,
von Lautheit nicht die kleinste Spur.
Glichest doch du ihm nur.

Das Ruhen und das Warten
sind seiner üb'raus zarten
Eigenheit eigen,
er lebt im Sichhinunterneigen.

Nie kehrt er dorthin je zurück,
von wo er niederfiel,
er geht nicht, hat kein Ziel,
das Stillsein ist sein Glück.

DIE STADT IM SCHNEE

Es schneite in das Abendreich hinein.
Weil ich grad in Bewegung bin,
geh' ich so durch die Straßen hin
und seh' es silbrig-glitzernd schneien.
Einige gehen hübsch zu zweien
und sind dies Gute, Schöne längst vielleicht
gewöhnt, sie haben sich gewonnen und erreicht
und keines mehr vom andern weicht.
Doch manche wieder gehn allein
und sind in solchem Einsamsein
oft wen'ger einsam als die andern, die sich fanden
und sich für immer aneinanderbanden
und gern sich hie und da entwunden möchten sehn,
um locker durch die Stadt zu gehn,
denn Schnein erinnert an das lose,
prickelnde Sichentblättern einer Rose.

GLÜCKLICHE MENSCHEN

Dort sind sie alle reich und groß,
ernähren von Gedänkelchen sich bloß,
den denkbar reinlichsten und besten
und haben allerliebste Gesten,
ziehn aus den Taschen ihrer Westen
die nützlichsten, verwendlichsten Ideen.
Keinen von ihnen sah man anders gehn,
als so, wie man ihn gern gesehn,
fröhlich erhobnen Kopfs, im Herzen
nichts als Gefühlelein, die lächelnd scherzen.

Alles, was dort die Menschen je erstreben,
hat ihnen Gottes Güte hübsch gegeben,
und wenn man fragt, wer diese Leute sind,
man zum Ergebnis kommt, daß sich ein Kind
sich sie so eingebildet hat. Geschwind
spring' ich dorthin,
damit ich glücklich bin.

FRAUEN

Es liegt ein hoher Reiz für Frau'n darin,
sich über Kleinigkeiten zu beklagen,
hinaus in alle Zögerung zu tragen,
was man im Nu könnt' nehmen bei dem Kragen,
womit ich wen'ger handlich möchte sagen,
daß sie sich gerne langsam manches fragen.
Sie geben gern sich dem Empfinden hin,
den Schmölleleien und den Lustgelagen
von einem beinah absichtsvollen Zagen.
Weich ja und schwankend ist der Frauen Sinn,
man sieht's ihnen schon an an ihrem Kinn,
ferne liegt solchen Seelen jedes Wagen,
sie lassen eher Schmerzen an sich nagen.
Schlimm, daß ich solch ein Frauenkenner bin.

DAS PORZELLANFIGÜRCHEN

Er war von Porzellan,
hatte spitzenbesetzte Höschen an
und sang sie an, im Wahn,
daß er Hahn
bei ihr im Korbe wäre.
Die schwere, hehre,

hohe Sängerpflicht
mißlang ihm nicht,
aber wie ist ihr Gesicht,
indes er sich gesanglich aufgerieben,
unberührt geblieben.
Während er liebevoll auf seiner Mandoline
zupfte, schälte sie eine Apfelsine,
die sie mit sichtlichem Behagen aß,
den Interpreten sie mit ihren schönen Augen ruhig maß.
Er sang sich blaß
an ihrer Gelassenheit.
Wie die Stimme mich entzückte,
da ich mich zu dem Figürchen niederbückte,
das ein Antiquitätenschaufenster schmückte!
Der Bursche tat mir herzlich leid,
den Hoffnungslosigkeiten singen ließen.
Es war, als erbebe
ihm das Herz unter seiner geblümten Weste,
wie einem ängstlichen Vögelein im Neste.
Die Augen wären ihm naß
geworden, hätte ihm die Wesensart,
die steinerne, es gestattet. Ihm blieb erspart
keine ihn bezaubernde Enttäuschung. Heine
fehlte ja bekanntlich auch keine,
der zu Paris
manchen Seufzer von sich ließ,
sozusagen Trübsal blies
und sachte
dazu lachte.
Morgens früh um achte
war's, da ich dies Gedichte machte,
wovon ich wünschte, daß man's ein'germaßen achte.

Schweißtropfen brachte
das bißchen Arbeit mir zwar nicht gerade,
ich mich nicht gern in allzustarkem Eifer bade.
Was läge so viel an
Guitarrenklang aus Porzellan?
Entschwundner Zeiten Pein
kann uns schnuppe sein.
Behandeln wir doch ja so zart
und rücksichtsvoll wie möglich stets die Gegenwart.
Liebe und Leben und Lieder
wachsen immer wieder.

DAS MÄDCHEN MIT DEN PERLEN

Ich hatte kein Verständnis für ihn,
ließ mich von ihm mit Liebe umziehn,
war für ihn die erheiternde Figur,
der unverstandene Azur.
Mitunter ließ ich mich von ihm verlachen,
mir aber herrliche Geschenke dafür machen.
Er wußte kaum, warum er Perlen mir
um den schlanken Hals steckte als Zier.
Warum er mich verehrte, wußte er nicht,
er wußte nur, ich sei sein süßes Licht.
Ich wußt' nicht, was er alles wußte,
noch er, weswegen er mich lieben mußte.
Ich lachte, wenn er mich Dirne nannte,
ihn damit nur umso fester an mich bannte.
«Ich weiß, wie du um mich glücklich bist»,
sprach ich zu ihm und brauchte keine List
je anzuwenden, ihn mir treu zu halten;

ich ließ den ungezwungnen Zufall walten,
der am schönsten versteht zu gestalten.
War er zornig, so wurde ich schön,
und um mich glänzte es wie von Föhn,
und es begann aus mir zu schimmern,
wenn ich sein innres Zittern, Wimmern
ihm ansah, Liebe belohnte ich mit Hohn.
Liebte er mich nicht umso mehr davon?
Verständnis gab ich ihm nicht, nur Bangen,
ich würd' mich nicht mehr von ihm umfangen
lassen mögen,
ihn umzögen
alsdann mit ehrnen Ringen die Bögen
des Einsamseins,
mir sei mit einmal alles eins,
er mir nur Rest noch eines Scheins.

DIE DAME IM REITKLEID

Aus den Wäldern ihrer Zerwühltheiten
steigt sie kühl
an den Tag des Nichtsbedürfens,
klingelt ihrem Diener,
daß er ihr die Schokolade bringe
und ihr von Selbstbesiegung singe
und liebt und haßt sich nicht
und schreibt dann ihrer schönen
Freundin, der Herrin von Langenthal,
einen von Besinnungen umzitterten,
kurzen, klugen, lieben
Brief, worin sie sich unschuldig und zugleich

erstaunlich weltgewandt gibt.
Nach beendigter Korrespondenz
parfümiert sie sich
und kommt sich reinlicher,
williger, verzichtender, aber auch
liebender vor, als je.
«Wie bin ich süß», sagt sie in einem Anflug
von vielleicht etwas leichtsinniger
Selbstwürdigung zu sich, die Reitpeitsche
überreicht ihr dann ihr Robert,
und nun reitet sie durch zweihundertjährige Alleen,
spendet mit ihrer Erscheinung Ermunterung,
indem sie Achtung erweckt.
Ob man sich achte, oder nicht, und ob man
uns glaube, oder nicht, hängt vom Talent ab.

DER PAGE

Sie hatte schon so gut wie mit dem Pagen abgemacht,
der hatte dann gefiebert und gebebt, getanzt, gelacht.
Ein Ständchen hat er ihr in seiner Phantasie gebracht,
doch haben ein'ge Leute auch noch was dabei gedacht.
Die Tochter wurde auf das Unnachsichtlichste bewacht,
der Page hat ganz sacht
in manch seither'ger heller, langer Silbermondschein-
                                                    nacht
sein unbeschreiblich treues Dienerfeuer angefacht.

DIE GLÜCKLICHE

Korrekt saß sie da,
die schmalen Hände auf dem Schoß,
tat weder klein noch groß,
blieb ihrer Aufgabe nah.
Als ich sie auf güt'ge Art
nachher reden sah,
dachte ich: So hart
sie sich selbst behandelt, geht sie zart
mit andern um,
braucht drum
nicht erst noch lang zu spähn,
ob sie das Glück möchte vor sich sehn.
Sie hat den seidnen
Sinn der Bescheidnen,
die glücklich sind in sich.
Von den Genügsamen wich
Schönes nie.

JA, SO SIND WIR

O, junge, liebe Frau, so zart,
wie kleideten dich deine Schmächtigkeiten,
du töntest in dem lauten, bunten, reichen, weiten
Saale von kränklichen Bedächtigkeiten.
Bedenklich schaute dich der Gatte an.
Im Lichte draußen, in dem grauen, kalten,
bewegten sich die städtischen Gestalten,
die jugendlichen und die alten,
und solche, die nicht alt sind und nicht jung.

Du hast mich nicht viel Schwung
an dir erblicken lassen.
Vor Bläßlichen erblassen
gewissermaßen
diejenigen, die sich genießen, die im Leben,
das sie sich selber nimmermehr gegeben,
nach nichts, als daß sie sich im Kreis umherbewegen,
                                                    streben.
O, junge Frau, so zart,
fremd, fein sind wir und rücksichtsvoll und lieb und gut
                                                    und hart.

PHANTASIE VOM KUSS

Er liebte sie und sagte es ihr nie.
Ob ihr mir glaubt, was ich euch da erzähle:
Er hatte ihr mit wundersamen Augen
die Seel' erlegt, so daß sie mit gestorbnem
Empfinden umgehn mußte, mit im höchsten
Maße belebtem wieder, könnte man
auch sagen, und sie schoß auf ihn, und blutend
zog er in das Gemach sich dann zurück,
das unter eines Doms gewalt'ger Schwere
lag, um im Schimmer hier von hunderten
von Kerzen, die ihm eine fleiß'ge Dien'rin
anzündet', auf dem Blute, das ihm aus
der Wunde floß, wie auf 'nem Purpurlager
zu ruhen, sich am Leiden zu erfreuen
und eine Lust sich aus dem Schmerz zu machen
und vor sich hinzuflüstern: «Wie entzückt mich
dies redlich mir erworbne süße Sterben.»

Die, die ihm mit der Kugel solchen Kuß gab,
hat sich hernach aufs Löblichste vermählt,
spielt heute in Gesellschaft eine Rolle.
Nicht wahr, das ist noch etwa eine Tolle!

DAS MÄDCHEN MIT DEN SCHÖNEN AUGEN

Die Bahnhofhalle wird mit weißer Farbe angestrichen,
ich sitze, wesentlich mit meinem Innern ausgeglichen,
im Menschentrubel, einer weiblichen Persönlichkeit,
die mich bald mustert und bald wieder ungemein
                                                gescheit
nicht auf mich achtet, in die Augen schauend. Wunder-
                                                volle
Abwesenheiten, Gegenwärtigkeiten sind der Rolle
eigen, die sie nicht spielen will und dennoch, und wie
                                                gerne,
spielt, ihre Seele sagt ihr's, wie mir ihre Augensterne
lieb sind, und wie's mich zieht, bei ihr mein einzig echtes
                                                Leben
zu leben, doch sie weiß auch, wie ich bildendem
                                                Bestreben
gehorche, und so deckt sie denn, o, sähet ihr's, ihr Herr'n,
Höherm zu Ehr'n oftmals die Pracht, der ich mich nicht
                                                kann wehr'n.

Hausmütterchen vom Seeland, ach, welch sorgenvolle
                                                    Miene
du mir da machst auf meiner Achtuhrmorgenmandoline.
Sie gießt Kaffee in ihre Tasse, während sich ihr Mann
beim Lesen in der Bibel auf die Ewigkeit besann.
Das Ehepaar ist eine Schöpfung unsres Malers Anker.
Welch launenhafter, rätselstellender und überschlanker
Gestalt fiel jener Typ trotz der Kultur als Beute hin.
Doch liegt vielleicht in der Bezauberung ein hoher Sinn.
Schon hundertmal hat er verneinend seinen klugen Kopf
ob des Gefühls geschüttelt, das ihn rüttelte, doch klopf,
pocht's in der Seele ihm wie Hammerschläg' in einer
                                                    Schmiede;
die bis dahin so trockne Existenz wird ihm zum Liede.
Wie ist es interessant, wenn so zwei blaue Äugelein
fortwährend Überlegnem können überlegen sein.

DUETT

Sie:
Vielleicht, vielleicht – –
Er:
                        Was sprichst du mit dir selber?
Sie:
Die Wiesen werden grünlicher und gelber.
Man sieht es förmlich wächseln, das Gras.
Manchmal ist mir, als wäre ich aus Glas,
siehst du, so fein, so stolz und so zerbrechlich.
Wieder erscheine ich mir nebensächlich.
Ich fürchte mich vor meiner Frau Mama

und bin ein Nichts, ein Stäubelchen – –
Er:

       Na, na!
Sie:
Seit nun schon ein'ge Male ich dich sah –
Er:
Ist es dir so und so und lalala.
Sie:
Laß mich doch reden, ungeschliffner Bengel.
Ich hielt von Anfang an dich für 'nen Engel.
Wie stehst du nun so gleichgewichtig da,
ruhig und freundlich wie ein pers'scher Schah.
Im Wirtshaus aßen wir Salat und Braten.
Er:
Auf deinen Wunsch nähm' ich den Gartenspaten
zur Hand.
Sie:
   So siehst du aus!
Er:

     Warum nicht? Führ' ich
mich vor dir auf, als stammte ich aus Zürich,
besäße bloß ein Händchen, um das Köpfchen
geistreich darein zu stützen?
Sie:
     Für ein Tröpfchen
hielt ich dich nie. Jetzt sind die Bäume schon
mit Grün behangen, daß man sich davon
ganz eigentümlich angesungen fühlt.
Wie mich dies liebe Lüftchen wärmt und kühlt.
Auch du bist wie ein Wind, den man nicht kennt,
wie eine Strömung aus dem Firmament.
Wie flimmerten die Sterne gestern Nacht

in so bescheidener und großer Pracht.
Die Blumen und die Sterne und dann du!
Ist es mir nicht, als seist du meine Ruh?
> *(Sie lehnt sich an ihn.)*

Er:
Du nimmst sehr ungeniert Besitz von mir.

Sie:
Als wäre dies nicht selbstverständlich hier.
Als hättest du nicht längst darauf gewartet,
bis ich mich sorgsam an dich angezartet.

Er:
Du kokettiertest lange schon mit meinen
und deinen eig'nen Daseinsedelsteinen.
Wir stellen ja nach neu'rer Theorie
Unendlichkeiten dar, vergiß das nie.
Wir können uns infolgedessen nimmer
genügend Wert beimessen.

Sie:

            Komm' ins Zimmer,
damit wir dort an uns'rer Augen Schimmer
uns freuen, und wo wir uns vorbereiten
wollen, daß du mir dann noch ein'ge Seiten
aus deinem Ich-Buch vorträgst, das du schriebst,
worin du schilderst, wie du mich liebst.
Du sprichst dann, und ich horche; wenn es tönt
aus dir, bin ich mit mir und dir versöhnt.
Dazu ist ja die Sprache uns gegeben,
daß aus der Bangigkeit, woran wir kleben,
wir ins Vertraun und in die Freiheit schweben,
nach unsren Gegenseitigkeiten streben.

Er:
Wie richtig du das sagst, mein holdes Leben!

SONETT
AUF EINE VENUS VON TIZIAN

Ihr schwarzes Haar sieht aus, als ob es sänge,
die Glieder schimmern weiß wie Glanz von Sahne,
als wenn der holde Körper selber ahne,
er sei die zarte Summe süßer Klänge.

Sie liegt in ihrer gleichsam flehnden Länge,
gelagert auf 'ner Art von Ottomane,
als wär' sie eine schlankgewachsne Fahne,
die freundlich zu den Menschen niederhänge.

Ein Veilchensträußchen lächelt ihr in Händen,
um Düfte dem Beschauer zuzusenden,
die Dien'rin kniet devot vor dem Altare.

O, einen Blick jetzt nochmals auf die Haare,
und jetzt noch einen auf die wunderbare
Demutsabbildung ihrer lieben Lenden.

MÄDCHEN

Das eine dieser beiden Mädchen
sieht zierlich aus wie ein Salätchen
von duftenden und zarten Blättchen
und hat die schönstgeformten Wädchen
und schaut zum Fenster still hinaus
ins morgendliche Landschaftshaus.
Des andern Mädchens Haar ist kraus
wie ein zerzauster Blumenstrauß.

Unangefochten steht die eine
als Ungezwungene und Reine
auf ausgesprochen feinem Beine,
im Mieder vor dem Sonnenscheine.
Die andre küßt und flüstert: «Du!»
Besinnung schließt sich ganz ihr zu,
sie zittert, knistert, lodert, puh,
von Leidenschaft bis in die Schuh'
und kennt im Herzen keine Ruh'.
Die erste weiß nichts von Genüssen,
wofür noch jed' hat büßen müssen,
sie gleicht mit jedem Atemzug
dem wonnenangefüllten Krug.
Die zweite ist von sündigfrommen,
lüsternen Flammen eingenommen,
von Ungenügsamkeit umglommen,
und hat sie nicht mehr wegbekommen.
Wie fröhlich, selig ist ein Leben,
das heiter uns aus uns kann heben.
Das ist's ja eben, daß wir kleben
an Körpers Nöten, statt zu schweben
in unherabgezognem Streben,
wie Reben, die im Trieb, zu geben,
sich wohlbefinden an den Stäben.

DIE SCHEUE

Sie konnte sich an ihn verlieren,
er hatte Sitten und Manieren,
nicht um sich nur damit zu zieren,
sie waren ihm vom Fuß bis zu den Ohren

anerzogen und angeboren.
Bitten konnt' keiner so wie er
und leuchten mit dem Augenspeer,
täglich mußt' sie sich fragen, wer
er wäre, ob er einem Meer
entstiegen sei, daß ihn so sehr
die Freiheit und die Anmut schmückten.
Jed' ihrer Gesten ihn entzückten,
sie durfte sitzen, durfte gehn,
um immer sich verehrt zu sehn,
er war für sie der milde Föhn,
sein Durst nach ihr machte sie schön,
mit seinem liebetrunknen Lächeln
sie sich füglich konnte fächeln.
Nicht sehr gedankenvoll, o nein,
wird er ihr treu gewesen sein,
sein Treusein glich dem feingeschliffnen Stein,
Lieb' ging bei ihm so aus und ein,
und Zärtlichkeiten schlürfte er wie Wein.
Nie wagt' sie ihn zu fragen,
ob er im Ernst sie wollt' ertragen,
sie hielt für einen Taugenichts
den Herrscher ihres Seelenlichts,
man sah sie wanken, wandern
alsdann mit einem andern.

DAS WARENHAUSFRÄULEIN

Ihr Vater gab ihr Stunden im Latein,
das wird wohl sehr apart gewesen sein.
Später fiel in Intrigen sie hinein.

Trug sie nicht einen Hut auf ihrem Kopfe,
der Ähnlichkeit besaß mit einem Topfe?
Ihr Mantel schloß mit einem einzigen Knopfe.
Schön und belesen war sie wie ein Traum.
Mit einem Buch auf ihres Kleides Saum,
saß sie bisweilen unter einem Baum.
Über ihr mannigfaltiges Spazieren
wollen wir weiter kein Wort verlieren.
Ein Hündchen lief ihr nach auf allen Vieren.
Diente sie nicht in einem Warenhaus,
wo es alltäglich wogte ein und aus?
Sie machte scheinbar sich nicht sehr viel draus,
daß ein Kommis sich sterblich um sie härmte,
indem er hoffnungsfreudig für sie schwärmte,
für die sich nebenbei der Chef erwärmte.
«Mutterseelenalleine, wie du bist,
es mir ein höchliches Vergnügen ist,
mich dir zu widmen», sagte er mit List.
«Daß mich ein ganz bedeutungsloser Wicht
verehrt», erwiderte sie, «hemmt mich nicht.»
Schimmernd flog ihr ein Lächeln ins Gesicht.

DIE SCHLUMMERNDE

Zieh' ich den Vorhang hier vor Eurem Blick
sorgsam zurück, um Euch vor ein Geschick,
das sich im Wald abhandelte, zu führen?
Die Tannen stehn mit grandigen Allüren,
abendlich schlank und blaß wie Flügeltüren,
so da, als sei der Wald jetzt eine Halle
und träume von verklungnem Vogelschalle.

Ob es nunmehr sich wird für Euch gebühren,
mitanzusehen,
wie ich, ohn' auf ihr Flehen
zu achten, auf das Moos ein Mädchen lege?
Keine Wege scheinen durch das Gehege
zum schönen Bild zu leiten,
das ich mich unterstehen
durfte, vor Euren Augen auszubreiten.
Eichhörnchen, Hasen, Krähen nur und Rehen
kann es gestattet werden, auf den Zehen
sie zu besuchen.

DIE ZOFE SPRICHT ZU IHRER HERRIN

Wie hat er sich so sehr verändert,
sein Hut ist nicht mehr bunt bebändert,
leis geht es jetzt in allem zu.
Doch wovon hab' ich reden wollen?
Ich muß dir meinen Beifall zollen
bezüglich deiner Ruh', doch du
erwartest, daß ich klage, nun, so trage
ein Licht ich in die dunkle Lage,
und sieh', sie strahlt! Nimm einmal an,
ich hätte einen stets zufriednen Mann,
beständig sei er lustig, munter,
nichts stimmte ihn jemals herunter,
er wüßte stets sich selbst zu helfen, gleiche,
indem er immer wieder her sich stelle,
der auf und nieder roll'nden Welle,
sorgt' für sein Gleichgewicht in einem fort,
dem Hier sei er gewachsen und dem Dort,

daß ich ihm nie ein wenig Beistand reiche.
Das Trösten ja der Tröst'rin wonnig wäre,
mein Schmerz ob solchem Manne glich' dem Meere,
um den's nie dunkelte, daß ich ihm nicht
hie und da Licht
mit allem, was ich bin, bedeuten würde,
was ist ein gar zu Kluger doch für eine Bürde.

DIE TÄNZERIN FULLER

Möglich scheint es mir zu sein,
daß mir ein Gedichtelein
säuberlich entstehen will;
sie, die uns mit ihrem Tanz,
feuerflirr'nden Firlefanz
einst entzückte, liegt nun still;
herrlich schillerte ihr Drill;
ja, ich darf es dir gestehen,
auch ich habe sie gesehen
auf den schlanken Beinen stehen,
deren Zierlichkeit den Rehen
sie geborgt zu haben schien;
Flammen flohn wie Phantasien
über ihr Gesichtchen hin.
Seither wurde manche nette,
vielbeklatschte Operette
aufgeführt im schönen Wien.
Stell' sie dir als Sonne vor,
deren Strahlen Herrn und Damen
lächelnd zu bewundern kamen,
die nichts hört mehr mit dem Ohr,
da der Tod sie sich erkor.

DIE FÜNF VOKALE

Als ich zum ersten Mal die Sanfte sah,
standen wir uns in jeder Weise nah,
sie glich für mich dem himmelblauen A.

Da kam ich eines Tages in die Näh'
einer liebreizenden, graziösen Fee,
in ihr macht' ich Bekanntschaft mit dem E.

Nie dacht' ich treulos sein zu können, nie;
umsonst fragt' ich mich tausendfältig: «Wie
ist's möglich? Mahnt an Poesie nicht I?»

Wie kam ich lieblos, unachtsam und roh
mir vor, das Zartgefühl der Liebsten so
zu kränken, wie sich's schickte für ein O!

Ich sagte zur Imstichgelassnen: «Du,
mit deinen Ansprüchen, laß mich in Ruh',»
gebärdete mich ganz und gar wie U.

DAS GESELLSCHAFTSFRÄULEIN

Gern glaub' ich, daß mir's besser geht als ihr,
die in der jugendlichen Jahre Zier
spärlich nach einem künft'gen Manne späht,
doch darf sie dies nicht etwa selber tun,
da solches sich für sie nicht schicken tät.
In alten Stuben liegen schöne Truhn,
Herren- und Frauenbilder aus entwichnen Zeiten

mit längst nicht mehr vorhandenen gescheiten
Gesichtern uns in die Geschichte leiten,
und friedlich-heitre Wege gibt es viele,
und sie ist eine, die nicht Wege, Ziele
kennt und sich selber nicht und will gelenkt
sein, und doch kommt es vor, daß sie was denkt
bei allem diesem Wenigvonsichwissen.
Als hätte sie sich in ein Nichts verbissen,
geht sie an Seite ihrer Herrin hin.
Da ich den beiden jüngst begegnet bin,
verbeugte ich mich artig vor der alten
Frau und ging an des jungen Mädchens kalten
Manieren rasch vorbei, mich meiner Freiheit freuend.

MANN UND WEIB

Ja, er war ein braver Mann,
prinzipiell griff er sie an,
Grundsätz' haben ist vorzüglich
nur nicht immer sehr vergnüglich.
Wie sie sei charakterlos,
fühlte er gewiß famos.
Sie war lustig, er war wacker.
Absolut gediegner Racker,
der er war, haßt' er sie tief,
was nicht gut für ihn verlief.
O, wär' er verliebt gewesen
in den kapriziösen Besen,
man nennt Mädels häufig so,
nannte sie ihn nimmer roh.
Leider Gottes tat sie das.

Ständig hatte er etwas
an der Holden auszusetzen;
seinen Witz an ihr zu wetzen,
schien der Zweck ihm seines Lebens,
er bekämpfte sie vergebens,
ihre Hände, ihre Lippen
wurden ihm zu spitz'gen Klippen,
offenbar er es nicht wußte,
daß er ihr erliegen mußte.

BUCHDECKELGEDICHT

Er ließ sie nicht mit andern gehen,
obschon er sie kaum mochte sehen,
der Atem stand ihr manchmal still
vor nicht mehr wissen, was sie will.

Sie möchte irgendwas erleben,
sie lebt nur halb bei ihrem Mann,
von dem sie sich mit edlem Beben
sagt, daß er sie nicht lieben kann.

Er schätzt sie nur als Dek'ration,
was hat die Reizende davon?
Sie sieht ihn seinem Werk obliegen,
er ist hievon nicht wegzukriegen.

Da sie ihn nimmer kann entzücken,
dreht sie ihm ihren hübschen Rücken,
sie lebt, bewacht von Eifersucht,
inmitten wie in einer Schlucht.

O, Gott, so schön und so allein,
welch eine Kränkung muß das sein!
Ein Schundbucheinbandbildchen sachte
mich aufs Gedichtelchen hier brachte.

RENOIR

Ich denke in meinem Wirkungsfelde
mit einem Mal an ein Gemälde;
es hing vor Jahr'n in der Sezession,
besaß einen bezaubernd milden Ton.
Ein Frauenbild war's; am weißen Kleide
fiel wie eine Augenweide
eine breite, schwarze Schleife der Süßen
unglaublich behaglich gemalt zu Füßen.
Ein niedliches Hütchen bedeckte das Haar,
das von, ich weiß nicht, was für Farbe war.
Der Rock berührte mit seinem Saum
den Boden des Waldes; ich hatte noch kaum
dazumal zu dichten angefangen;
Frühling war's; in den Straßen sangen
liebe Hauptstadtvöglein,
es hörte sich an, als schlürfe man Wein.
Durch das Kunstgebäude flanierte
eine schicklichermaßen ein bißchen gezierte
Menge von Menschen; vor dem Wald
sammelten sich viele gar bald,
der traumhaft zart zu lächeln, grüßen schien;
sie flüsterten: «Wir lieben ihn.»
Ins reizend bewegte Sonntagsgedränge
sandte das Bild harmonische Klänge.

Wenn's mir doch gelänge,
dieser Friedlichkeit, dieser Ruhe,
vom Gesicht herunter bis zum Schuhe,
passenden Ausdruck jetzt zu verleihn.
Wie käme ich mir fein
vor, und wie glücklich würd' ich darüber sein!

GENOVEVA

Wie kam es, daß sich niemand für sie regte,
kein einz'ger für die Frau ins Zeug sich legte?
Er, der nun nicht mehr mit ihr einig war,
bekam in kurzen Stunden graues Haar
und sprach kein Wort, und die, die ihn umgaben,
sahen ihn am Verstummen sich erlaben.
Mit dem Verschwinden aus bisher'gem Rahmen
zur Ausgestoßnen Friedlichkeiten kamen.
Hatte sie's nichts als gut bei ihrem Gatten,
den tausend Launen ausgezeichnet hatten?
Er sehne sich vielleicht jetzt sehr nach ihr,
konnte sie denken, und sie band mit Zier
ihr Haar in Ordnung mitten in der Wildnis
und ähnelte im Walde einem Bildnis.

MANON

Er fiel vor ihre Füße,
sie lispelte: «Ich büsse.»
Der gute Junge, der er war,
sprach: «Komm' zu dir, du Süße.»

Sie lächelte fast hoheitsvoll:
«Alles ja so hat kommen soll'.»
Er flüsterte: «Du machst mich toll.»
Sie reichte ihm zum Kuß die Hände.
«Ich sie mit meiner Huld'gung schände»
sagte er, da er offenbar
ihr ehrlicher Verehrer war.
Sie war trotz der Erniedrigung
für ihn noch immer schön und jung,
ihn würd' es immer treiben,
der Teuren treu zu bleiben.

DIE FALSCHE

Immer noch war er irgendwo am Leben,
der Hund, wie sie ihn hassend nannte.
Er sei wahrscheinlich immer noch
glücklich, den sie vernichtete, durch Straßen
ging sie großäugig, unempfindlich,
wie eine Blum' in traur'ger Schönheit.
O, hätte sie ihn töten, seinen Sarg
in theatralischer Erschüttertheit beweinen können!
Und ihre Falschheit, so, als wenn sie
ein armes irrgegangnes Kind sei,
tat ihr sehr weh, wie etwas, das in ihr verdarb.
Wie würd' sie sich bewundert und dadurch
geschmeichelt, ihn entzückend schön gefunden haben.

ICH UND SIE

Ein Mädchen hielt sich gar nicht für sehr klug,
sie glich an Selbstgenügsamkeiten
dem bis zum Rand gefüllten Krug.
Sie hielt sich keineswegs für weise,
dazu war sie zu zaghaft und zu leise.
Bisweilen drang aus ihren Augen eine Träne,
auch ich mich oft nicht allzu glücklich wähne.
Zum richt'gen Weinen sie zu duldsam war,
unfein zu sein verboten ihr die Jahr',
ihr Tränlein sprach: «Man soll nicht meinen,
daß ich nicht fähig wär' zu weinen.»
Mir geht es ähnlich; wenn ich traurig bin,
hat dies jeweilen leider nicht viel Sinn.
Sie nahm das Leben hin so wie es ist,
auch mir ist diese Art von List
durchaus nicht unbekannt, das Mädchen blickte
mich eines Tages an, indem sie stickte,
sie tat dies so, wie es sich etwa schickte.
Auch ich schau' so die Menschen an
und viel Gewicht drauf lege,
daß man mir nicht viel übel nehmen kann,
hübsch sauber bleiben meine Lebenswege.

WIE SCHÖN WAR'S GESTERN

Wie schön die Kinder gestern mir erschienen!
Indem ich unter Bäumen auf und ab ging,
dachte ich an ein Mädchen, das mich einst
beim Lampenlichte, während wir vertraulich

beisammensaßen, einlud, ihr mein Leben
zu weihen: «Glücklich will ich sein!» Ich bot ihr
Kam'radschaft sozusagen etwas billig
und väterlich von oben 'runter an.
Ich wich ihr aus, fing emsig an zu dichten.
Schade, daß ich nicht auf ihr Wünschen einging,
wir hätten kindlich-glücklich können sein.

WIE SICH'S GEHÖRT

Die Schöne tat von früh bis spät
nichts Wesentlicheres als lächeln,
ließ sich von ihrer Dien'rin fächeln.
Dieselbe war sehr streng mit sich,
nicht vom Genügsamsein sie wich,
begehrte nichts, als nur zu dienen,
besaß die Emsigkeit der Bienen.
Die Reizende nichts andres tät,
als sich zu freun von früh bis spät,
die Dienende war eine Seel',
man möchte sagen, ohne Fehl.
Die andre tät spazieren,
im Sonnenschein sich zieren.
Hie und da einen Tadel pflückend,
putzend und schmiegend und sich bückend,
war die Bescheidene entzückend.
Die Herrin tat den ganzen Tag
nichts, als woran es ihr grad lag,
die Dienerin tät stricken,
zufrieden auf die Arbeit blicken,
als müßt' es sich so schicken.

DIE GEDULDIGE

Er kam zum Teil noch oft zu ihr,
um sich zu freun an ihrer Zier,
doch machte er schon längre Pausen,
und war er da, so macht' er Flausen,
doch nie mit einer Silbe klagte sie ihn an.
Was er ein's Tags für sie getan,
blieb stets für sie das Liebe,
als wenn es kostbar bliebe.
Er mochte Billigkeiten sagen,
in ihrer Gegenwart zu witzeln wagen,
so fand sie dennoch immer neue
Veranlassung zur Treue,
und wenn der lebenslust'ge Gatte
sie mehr und mehr nicht nötig hatte
und alles so geschah, wie's kam,
sie es ihm nimmer übel nahm.
Der gute Wille blüht
in einem fort im fröhlichen Gemüt.

DIE TÄNZERIN

Man schaute ihr von unten
in ihres Röckchens bunten
nervenentzückenden Zierat.
Was man fast ehrerbietig tat,
verknüpfte sich gewissermaßen
mit einer Geste aus den Straßen;
die Schuh', die Strümpfe, die sie trug,
korrespondierten mit dem Zug

von Spott in ihrem niedlichen Gesichte,
sie schien vergleichbar mit dem Lichte
der glitzernden Vergnüglichkeit.
Viele verschwendeten die teure Zeit
bei dem gewinnenden Geschöpfe,
man liebte ihres Kleides Knöpfe.
Jede Bewegung, die sie machte,
wurde zum Anlaß, daß man dachte,
sie sei ein herrl'ches Exemplar.
Wunderbar war ihr Haar.
Daß sie aus fremder Gegend kam,
man als was Angenehmes nahm.
Man widmete ihr ganze Tage,
als lausche man auf eine Sage.
Ist Leichtsinn wirklich so viel wert,
daß man so ernst sich um ihn schert?

DIE JUNGE WOHLTÄTERIN

Im Wagen war sie angekommen,
betrat in duftigem Gewand
das Zimmer, um mit güt'ger Hand
den Leuten, die sie hier versammelt fand,
Gutes zu tun, graziös sie stand,
von ihrem Hut herab fiel zart ein Band,
draußen schimmerte grünes Land.
Von Dankbarkeit umnommen
waren die Dürftigen, die vor ihr knieten.
Wie rührend ist es, etwas darzubieten.

SIRENE

Sie hatte immer eine Art zu denken,
Gott werde ihre Schritte leise lenken.
Oft stützte sie die Stirne in die Hand,
betrachtete die schimmelige Wand
ihres Gemaches, wo es feuchtelte vor Älte.
Mitten im Sommer fühlte sie die Kälte
des Winters, und im Winter ward's ihr warm.
Sie hatte einen wunderbar geformten Arm,
Aussichten schimmerten vor ihren Augen, ohne
Verwirklichung zu geben einem Tone,
sang sie, sie tat es mit den Wangen,
die sie so zart von der Natur empfangen,
ihre Empfindlichkeiten von allein schon sangen,
daß die Vorübergehnden in sie drangen,
nicht so betörend schön zu sein, nie nannte
sie ihren Namen, kaum sich selbst sie kannte.
Die Menschen sagten ihr, sie sei Sirene
und dachten nicht, wie sie sich selber sehne.

ENTFÜHRUNG

Neulich las ich, wie in ein
Zimmer trat ein Herr hinein,
wo beim Stricken oder Nähen
man diejen'ge konnte sehen,
die in ihres Stübchens Enge
aussah wie die Sittenstrenge.
Noch kein einz'ges Mal im Leben
hatte sie nicht acht gegeben

auf Moral und Prüderie.
Nunmehr lächelt' leise sie,
und hiedurch war sie bereits
eine andre; einem Reiz
fügte sie sich mit Vergnügen.
Wenn sich zwei zusammenfügen,
gehen sie lustwandeln gern,
bis sich abends Stern um Stern
zeigen in dem Himmelsraume.
Unter einem duft'gen Baume
kam's zum Kuß, sie standen lang
Brust an Brust und Wang' an Wang'.
Über die provinzielle
Kleinlichkeit durch die Novelle,
die sie lebten, hocherhaben,
sah man sie zum Bahnhof traben.
Zu den Töpfen und den Pfannen,
die die Frauenseele bannen,
sehnte sie sich nicht zurück,
vielmehr fuhr sie auf gut' Glück
mit dem Zärtlichen vondannen.

DAS DIENSTMÄDCHEN

Sie diente ihrer Herrschaft treu
und bettete ins duft'ge Heu
an einem schönen Sonntagmorgen
sich ohne die geringsten Sorgen.

Der Himmel ob der Träum'rin hin
glich einem blauen Baldachin.
Ein Hügelchen in weiter Ferne
betrachtete sie herzlich gerne.

Aus nächster Nähe klang ein Ton,
sie hatte nicht gar viel davon,
und wenn sie an ihr Leben dachte,
so lächelte sie höchstens sachte.

Das taten auch die Blättelein
ringsum im lust'gen Sonnenschein.
Die Vögelchen und winzgen Mücken
sind mit nur Wen'gem zu beglücken.

LITERATUR

Heute sei die Lit'ratur,
wie ich so bisweilen meine,
eine nur noch wie zum Scheine
pünktlich weitergehnde Uhr.

Gute Bücher gibt's in Menge,
Lebenswerke wachsen an,
doch ist leider beim Gedränge
scheinbar nicht viel drum und dran.

«Ist es etwas, ist es nichts,
wird sich's, sie zu lesen, lohnen?»
sagt man bangen Angesichts
zu gar manchen Editionen.

Und man findet in der Regel,
oberflächlich und bequem,
gegenüber dem und dem
Buchautor, er sei ein Flegel.

Ja, die gute Lit'ratur,
zwar mag's niemand gern bekennen,
mag sie noch so emsig rennen,
humpelt heut' im Grunde nur.

GEDICHT AUF PAUL VERLAINE

Ein kleines Kind weint
dicke, dumme, blöde Tränen;
Sonne scheint.
Einer meint,
er habe was Wichtiges vergessen
und ist nun versessen,
es zu sehn; mit seinem Wähnen,
er könne sich verlieren,
geht er vorläufig still spazieren.
Er ist geeint,
er weiß nicht, wie.
Ist sie es, die in ihm sich nie
aufhört zu manifestieren?
Über Paris leuchtet's blau.
In seinem genialen Lyrikerzimmer
sitzt oder liegt und dichtet noch immer
Paul Verlaine mit der Fratze
der asiatischen Katze,
macht nach wie vor miau.
Obschon er eigenhändig flickte seine Hosen,
blühn seine Werke wie die Rosen
und bleibt er einer der bedeutendsten Franzosen.

RILKE

In einsamem Schlosse
hast du auf dem Rosse,
das als Pegasus bekannt ist,
indem du etwas wie verbannt bist,
manchen Ritt noch unternommen,

von Landschaftsstimmungen umglommen,
hast mit anspruchsvollen Jungen
doch wohl gar zu ernst gerungen.
Frieden sei nun
mit dir, du Zier im Lyrikersaale,
schimmernde Frucht in schöngeformter Schale.
Schön ist nach getaner Pflicht,
Kämpfer um das Gedicht,
solches ungestörtes Ruhn,
entblößt von des Lebens Wanderschuhn.
An deinem Grabe
ich gern dies kleine Wort gesprochen habe.

GEORG BRANDES

Bulletins gingen von Hand zu Hand,
auf denen des Mannes Name stand,
der den Weg zur großen Armee nun fand.
Die Nachricht brachte kein Reiter,
daß Engelein den Menschheitsstreiter
emporgehoben hätten auf einer Leiter.
Das ewig junge Leben geht weiter.
An der Bahre von Berühmten steht
nicht still die geschäftige Humanität.
Verlangende Augen
Belebung aneinander saugen.
Wer etwas will taugen,
muß Leben und Tod als Einziges begreifen,
darf nicht gegen Natur sich steifen.
Schon als ich noch jugendlich tätig war auf Banken,
alle meine Handelsbeflissenengedanken
den Frauen vor die Füße sanken,

seiner Verdienste Klang
mir von ferne in die Ohren drang.
Ich las Gedichte von Richard Dehmel,
bot mich einer Schönheit an als Schemel.
Stützt sich auf solchen Überschwang,
     auf August Bebel und Herman Bang,
     die vor zirka dreißig Jahren
     bekanntlich Mode waren,
mein gegenwärtiger Gesang,
mit dem ich keine
gar große Leistung erzielt zu haben meine?

KLEIST

Kleist reiste mit dem Kupferstecher Lohse
über Frankfurt und Basel bis nach Thun.
Sein Innres rief ihm zu: «Du solltest ruhn.»
Zerrissen schien ihm seines Daseins Rose.

Zum angeschwollnen Bergbach sprach er: «Tose!»
Schaffenspläne beschäftigten ihn nun,
er stöberte in seines Geistes Truhn
nach einer ungewöhnlich großen Chose.

Oft stützte er sich müde in die Hände
und schaute ins idyllische Gelände,
anscheinend völlig an sich selber irr.

Benebelt vom dramatischen Geklirr,
machte ihn noch ein hübsches Mädchen wirr,
damit es ganz bedenklich mit ihm stände.

DER BELEIDIGTE KORRIDOR

Ein breiter, heller Korridor
sich gegen mich verschwor,
ich brachte ihn um Ruhm und Flor,
weshalb ich seine Gnad' verlor.
Was war ich für ein großer Tor,
daß ich ihn am Ohr
zu zupfen unternommen habe,
nun lieg' ich hier im Grabe
der Korridorungnade,
ich klemmte in die Wade
die Reputation
in Person,
ach, ist das schade!
Seine Geräumigkeit
scheint weit und breit
mich nichts als anzuklagen,
kaum kann ich's ertragen,
nichts mehr zu ihm zu sagen.
Er schweigt in seine Bedeutendheit hinein,
will unerbittlich sein,
bleibt hundert Jahre lang
ohne Klang,
mir ist bang
vor seinen hellen, breiten
Entschlossenheiten.
Wie tut mir seine feine Beleidigtheit weh,
ich springe wie ein Reh
ins Freie, aus Furcht, er verschlinge mich,
von dem alle Liebe, Freude, Güte wich.
Verwöhnte vergessen nie!

Wenn man sie lieb anschaut, o, wie sie
dann erst recht schmollen, grollen
und die Augen rollen,
im Gemüt, im übervollen,
nicht gut mehr werden wollen.

HARDEN

Dummheiten sind nicht immer dumm,
Gerades nimmt man manchmal krumm,
und in der Krummenstraße
wohnte in einem reizenden Gelasse
ein Mädchen, das zu den Vorhandenheiten
im Menschheitssaal, im weiten,
wohl kaum noch zählt, und auf dem breiten
Kurfürstendamm
grüßt' ich ihn einmal riesig stramm,
der einst die «Zukunft» redigierte,
mit großer Fähigkeit in seinem Reich brillierte.
Welch ein Erfolg war ihm beschieden
bezüglich dessen, was er schrieb hienieden!
Er trug sich, was Gewandung
betrifft, höchst fein, und seine jetz'ge Landung
dort, wo wir alle hingelangen,
ließ mich, da sie zu Herzen mir gegangen,
daran erinnern, daß mir sein Gesicht
gefiel. Ob er romantisch war im Grunde,
ist eine Frage, die ich nicht
erled'gen will mit meinem Munde
in heut'ger, flücht'ger Stunde.

HAUFF

Hauslehrerlein bei Kindlein zart und fein,
fielen ihm viele art'ge Märchen ein,
von denen bis zum heut'gen Tag noch kein
Silblein, so klein es immer auch mag sein,
der Leserwelt verloren ging, o, nein.
Was er erfunden hat beim Glanz, beim Schein
der Sonne oder Lampe ist wie ein
beinahe heil'ger Kostbarkeitenschrein.
Mag's Frühling, Sommer, Herbst sein oder schnein,
mag man sein Werk sich kaufen oder leihn,
weil intellektualistisch durchaus sein,
blieb er als Dichter rein wie Edelstein.

THEODOR KÖRNER

Die Heut'gen lächeln über ihn.
Aus perlenden Erfolgen ging er hin
und widmet' sich dem Allgemeinen.
Beinahe könnt' es scheinen,
daß er von allzu feinem Takte war.
Als Dichter bot er Flottes dar,
rauschend belohnt' man seine Anstrengungen,
von schönen Lippen ward sein Lob gesungen.
Statt sich hübsch an der seiden-
geschmeid'gen Existenz zu weiden,
zog er sehr mannhaft vor,
auf's jünglingsmäßigste zu leiden.
Benahm er sich nicht wie ein Tor
und war dies durchaus nötig? Nein,

ein andrer hätte können tapfer sein
an seinem Platz, doch fühlte er sich offenbar
berufen; ich find' ihn entzückend
und sein bescheidnes Werk beglückend.
Bei meiner wen'gen Ehr',
unglaublich deutsch war er!

AN GEORG TRAKL

In irgendeinem fremden Lande würde ich
dich lesen, oder auch zu Hause,
und immer würden deine Verse mir zum Schmause
gereichen, und in einem ganz
bestimmten Sinne käme mich im Zimmer,
umglänzt vom Glanz und von dem Schimmer
der wundervollen Worte, die du fandest,
kein einz'ger trauriger Gedanke an.
Wie mit umschmeichelndem Gewande angetan,
erschiene ich mir in der Schlucht des Lesens,
in der Beschäft'gung mit der Schönheit deines Wesens,
das Schwan und Kahn und Garten und der Duft,
der draushinaufsteigt, ist, du blätterreiche,
unsäglich seelenvolle, weiche Eiche,
herabgefallner Felsblock, Schwänzeln
eines Mäuschens, eines Töchterchens Tänzeln,
verzagter Riese, hier auf einer Jurawiese
richte ich, spielerisch, als wenn ich träumte, diese
Ansprach' an deinen Genius.
Haben dich Hölderlin'sche Schicksalsfortsetzungen
in deiner Wiege und auf deiner Lebensbahn
umklungen und zu goldnem Wahn

bestimmt? Wenn ich Gedichte von dir lese,
ist mir, als trüg' mich eine prächt'ge Chaise.

DER GEFÄHRTE

Du wußtest ganz genau, daß ich und niemand
anders es war, dem du ge'nübersaßest,
ein-, zwei- und mehrmals, du erkanntest mich
und labtest dich an meinem Dichnichtkennen,
an der Unwissenheit, die dich für einen
Belieb'gen hielt, einen Hereingeschneiten,
für irgendwelchen zarten fils de famille.
Die Kaffeestube war gespickt von Gästen,
du durftest ungestört dich an mir weiden,
beispielsweis daran, daß ich sehr wahrscheinlich
mich linkisch, komisch, ungeschickt benahm,
oder daran, daß ich mich übermäßig
des Daseins freute, was geschehen kann,
wenn einer Zeitgenossen, die ihn prüfen,
nicht in der Näh' vermutet. Wir sind alle
nicht so, daß von der Luft wir leben können.
Herrlich wär's, wenn der Atem uns ernährte,
Erfolges Dauer unerschöpflich währte.
Irgendwie, ob du bist, was ich womöglich
nicht bin, bin ich auf Wiesen, Wegen und
in Häusern, unter Bäumen dein Gefährte,
den sich dein Denkvermögen nicht erklärte.

DER REVOLUTIONÄR

Dir lagen Chancen auf dem Teller,
doch strebte Dunkelheit in dir,
hinabzugehn in einen Keller.
Welch seltenes Motiv wird hier
vögleinhaft besungen von mir.
Es gilt gehörig aufzupassen,
um niemand machen mich zu hassen.
Dein Antlitz deckt nun ein Visier,
und ein sehr sonderbares Schweigen
ist deinem Mund von nun an eigen.
O, warum zwicktest du Kam'raden
nicht eh'r ironisch an die Waden,
als daß du mußtest Lorbeer'n pflücken
als Freiheitsmann in allen Stücken.
Die Freiheit gilt seit langen Jahren
als unbesorgt und sehr zerfahren.
Mit Hilfe ihrer schönen Augen,
die prächtig zum Berücken taugen,
macht' manchen schon die Fraunsperson
zum Gegenstand von Spott und Hohn.
Du sprachest Wort', die nicht gefielen,
warst nicht der Mann zu schwier'gen Zielen.
Brentano war zerknirscht, und du,
weil du gewinnen wolltest im Nu,
hast nun vor allem Ruhme Ruh'.
Durch irgendeine Art von Kerker
werden wir sozusagen stärker.

Vorurteile, o, mein Gott,
bilden einen Alltagstrott.
Eines Tags sah ich dich lächeln,
stehen auf dem Podium,
während sich im Publikum
hübsche Frauen heiter fächeln.
Fünfzig Jahr' alt wurdest du!
Wandernd wird schon mancher Schuh
sich dir abgetragen haben.
Darf ich heute Dank dir sagen,
daß du warst, und daß du bist;
dein Charakter scheint aus List
und aus Liebe zu bestehen,
wir wie Blätter ja vergehen,
Wind und Meer sind große Herr'n,
hier gestehe ich dir gern,
daß ich oft in weißem Kragen,
wenn es zart begann zu tagen,
heimwärtsging aus Lustgelagen.
Über den mit ein'gen Gaben
ausstaffierten Hirtenknaben,
der dich feiert, schriebst du mal
einen Aufsatz; sei noch lange
Fisch und Taube, Mensch und Schlange,
und aus deinem Lebensgange,
mittels geistigem Kanal,
brech' noch mancher Sonnenstrahl.
Deine Lippen sind sehr schmal.
Denke nicht, es wäre Rache,
daß ich dir ins Antlitz lache,

denn anläßlich deines Festes
gab ich hoffentlich mein Bestes.

TOLSTOI

War er gut und schlecht zugleich,
war er Sünder mit dem Blute,
Heiliger mit seinem Mute?
Hübschbedeckt mit weichem Hute,
klug und unklug, arm und reich,
lebte er auf lock'gem Gute.
«Leinwandmesser» nennt sich ein
unerhört frappant und fein
hergestelltes Büchelein
aus der Reihe jener Bände,
welche seine ems'gen Hände
geistreich und gefühlvoll schufen.
Wähnt' er sich von Gott berufen,
reine Weine einzuschenken?
Meinte er mit seinem Denken
Besserungen zu erzielen
bei den vielleicht allzuvielen,
denen er doch immer nur
zaub'risch durch die Seelen fuhr,
ähnlich einer prächt'gen Schnur,
als ein vom Verlag bezahlter
herrl'cher Unterhaltungsfalter,
der Applaus in Meng' erzwang?
Ihm wurd' nach und nach fast bang
vor sich selbst und seinem Ruhme,
der wie eine Wunderblume

duftend sich entfaltet hatte.
Mürrisch oft als Mensch und Gatte
wird er sich benommen haben
beim unausgesetzten Graben
mittels seiner seltnen Gaben
in den Tiefen. War er brav,
frage ich mich wie im Schlaf?
Doch die Einflußreichen kommen
ganz gewiß nicht nur zu frommen
Zwecken her, und, man braucht bloß
beizufügen: er war groß.

SCHILLER

Schiller war in seiner Jugend
voll erlesner Dichtertugend.
Beispielsweise an den «Räubern»
gibt es kaum etwas zu säubern,
denn sie sind von einer Pracht
der Gestaltung, daß man lacht.
Dieses Stück ist zweifelsohne
von unsäglich gutem Tone,
weniger gediegen scheint
mir das zweite, weil es weint
gleichsam in sich selbst hinunter,
statt adrett zu sein und munter.
Dort den Schmiß, hier einen Riß
konstatiert man ganz gewiß.
Bei Amalia hallen Schüsse,
von den Bäumen fallen Nüsse,
denn der Raum ist herbstlich-herb,

Räuberküsse schmecken derb.
An der hübschen Millerin
kränkelt eine Dichtung hin,
die an heftigen Gebärden
nur zu hurtig müd will werden.
Welche Wonne, wie bei Nummer
Eins erledigt wird der Kummer,
der sich bei der Nummer Zwei
in die Länge dehnt, als sei
alles schließlich einerlei.
Wie entwickeln Bühnenstücke
sich mit so verschiednem Glücke!

HAMSUN

Ich wohnte damals auf dem Zürichberg,
und unten in der alten Handelsstadt
sah ich mich im Bureau beschäftigt. Klara
hieß die Geliebte, der ich hie und da
Gedicht' ins Album schrieb, sie stellte mich
übrigens einmal einer dänischen
Studentin vor. Venetian'sche Nächte
wurden im Sommer auf dem See gegeben,
Abende leuchteten entzückend schön,
der frühe, frohe Morgen bot sich in
den allerzartesten Nuancen dar.
Ob ich nun nicht recht weiß, ob solche Landschafts-
beschreibung eine künstlerische sei,
las ich um jene Zeit zum erstenmal
«Hunger» und jenen anderen kleinen, feinen,
hinreißenden Roman, betitelt «Pan».

Beinahe wie ein sagenhafter Schwan
schwamm diese Lit'ratur auf mich heran.

ADALBERT STIFTER

Wunderbare Ruhe
geht von seinem Buche aus.
Gleicht es einer Truhe,
worin kostbare Sachen
nicht Wesens machen?
Ist es wie ein Schmaus
auf feingedecktem Tische ausgebreitet?
Ähnelt es der tautropfenübersäten,
erquicklichkeitsdurchwehten
Steppe oder eher einer Treppe,
die in einen Himmel leitet?
Manche Bücher sind begleitet
von Aufpeitschungen, dieses aber
ist schmackhaft wie Haber,
saftig wie die Kirsche.
An Schmiegsamkeit kann's mit dem Hirsche
verglichen werden.
Solange ich auf Erden
bin, war mir noch nie ein Buch so lieb,
wie dieses; sicher schrieb
es ein innerlich Schöner, einer,
der von Stufe zu Stufe feiner
wurde im bildenden Trieb.
Der Schreiber, Schrifter
ist Adalbert Stifter,
heut' noch in die Seele trifft er!

Er sah, nachdem er eingesehen hatte,
er sei, was das Betragen anbetrifft,
für seine Mitwelt eine Art von Gift,
manche vom Sonnenscheine glänz'ge Matte.
Er kam nicht in Betracht als guter Gatte,
Hotels hatten damals noch keinen Lift,
Gedichte schrieb er mit nervöser Schrift,
halbjährlich schickte man ihm eine Tratte.
Mit Genfer Sees entzückend schöner Fläche
verglich er seines Lebens schäum'ge Bäche,
das Städt' ihn wie Venedig blicken ließ.
Von Mensch zu Mensch unruhig es ihn stieß,
für Fremdes einzustehn ihm Ruhm verhieß,
und daß er sich an seiner Schwäche räche.

GOETHE

Er schrieb in seinen Jugendjahren Dramen,
worin er ungewöhnlich frei und mutig
für Freiheit glühte und von Frauen
Gemälde schuf, die unvergeßlich schön sind.
Danach beliebte es ihm, in die Schweiz zu reisen;
über Italien schrieb er ein famoses Buch.
In Versen, die die Leichtigkeit von Schmetterlingen
besitzen, schilderte er sein Verhältnis
zur bildenden, erziehenden Natur
und zur Geliebten, deren Augen ihn beherrschten,
und deren Seele ihn zum schaffenden,
glücklichen Menschen machte. Heimgekommen,

widmete er sich allerhand Geschäften.
Er sah sich sachte zum Regierungsrat
erhoben, und als solcher hatte er
genug zu tun, und diesen Umstand liebte er.
Immerhin ließ die Tätigkeit ihm Muße,
den denkbar zartesten, wie eine Blume
duftenden und in seiner Ruhe einzig-angenehmen
Roman zu schreiben; Wissenschaften taten es
ihm an, ihn fesselte die Pflicht, den Wein
vermocht' er mit Vergnügen zu genießen.
Die Unfreiheit befreite ihn vom Mißgeschick
derer, die mit den Gaben und mit dem Talent
in eine schwier'ge Situation gelangen.
Er mit den mannigfaltigen Beschäftigungen
durfte bald hier, bald dort sich nützlich sehn,
und weil er sich in manches fügte,
ihm, was man ihm verlieh und gönnt', genügte.

COUPLET

Ich bin mir schuldig, daß ich nächstdem lese einen Band
von Marcel Proust;
bis heut' ist mir noch nicht das Mindeste von diesem
eminenten Mann bewußt.

Vom Fuggerhaus zu Augsburg fand ich kürzlich ein'ge
Zeitschriftabbildungen
und bin an Hand derselben in den Handelsblütezustand
Deutschlands eingedrungen.

Den Stuhl, von dem ein Fräulein sich erhoben hatte, sah
ich euch, o Freunde, glänzen
vor nichts, als vor Vergnügtheit wegen Diensterwiesen-
heitstendenzen.

In einer Kirche sang ein Sängerinnenexemplar so unbe-
schreiblich schön, ich will's gestehn,
daß ich mir erstens rein wie Schnee und andersteils er-
weicht erschien bis zum Zergehn.

Heut' früh erhielt ich einen vor Gekränktheit fassungs-
losen, tiefergriffnen Brief.
Auf Grund des Inhalts, der mich nicht beruhigt lassen
sollte, schlief ich tief.

Noch hat der Zwiespalt zwischen Lebenswunsch und
Schaffensdrang mich nie gar lang belästigt,
Natur und ein Glas Wein in einem Landgasthaus haben
mich jeweils hübsch in mir befestigt.

Tolstoi starb aus Verdruß, daß ihm das Leben, das er liebte,
nicht mehr schmeckte;
ein Dichterfürst wie Shakespeare ihn mit seiner klaren
Tragik, trocknen Komik neckte.

O, von welch blühender Unsterblichkeit ist wieder die-
ser doch so unkomplett gewesne Heinrich Heine.
Frau Mitwelt hielt ihm vor, er sei nicht sauber, doch die
Dame Nachwelt kam mit ihm ins Reine.

DER PHILISTER

Was? Du wagst aufs Dichterroß,
eitler Bursche, dich zu schwingen?
Weißt du nicht, daß man ein Schloß
haben muß, eh' man darf singen?

Werde erst mal Millionär,
möchte ich mir ausbedingen;
denn das Dichten, weil es schwer,
kann nur Schritt für Schritt gelingen.

Rauche lieber einen Stumpen,
der dir wird Vergnügen bringen,
statt allmählich zu verlumpen
in den dichterischen Schlingen.

LEKTÜRE

Man braucht vielleicht nur in ein Buch zu blicken,
sich nur der Ungeduldigkeiten zu entled'gen,
auf äußerliches Wandern freundlich zu verzichten,
sich ruhig mit gedruckten Zeilen abzugeben,
um Gegenden zu sehn, die zu erleben
wert sind, hier heben sich aus schatt'gen Wäldern
ehrfurchtgebietende Gestalten, es
sind Türme, dort sind's Dörfer, die dich grüßen,
anderwärts plätschern liebliche Gewässer,
Städte mit spitz'gen Dächern int'ressieren
dich, und aus Tälern schwingst du dich auf engen
und pittoresken Wegen in die luft'ge

Höhe von Bergen, die mit Aussicht dich
erquicken, ich bin öfter eingedrungen
mittels Lektür' in heitre Wanderungen.

DAS WENIGE

Es war einmal ein Herr Autor,
der seine Zeit damit verlor,
daß er viel flotte Worte machte
und es zu Ruhm und Ansehn brachte.
In seines hübschen Stübchens Enge
schrieb er an Büchern eine Menge,
doch alles, was ich von ihm las,
mich nicht so int'ressiert' wie das,
was er auf einer einz'gen Seite
in ungeahnter Herzensweite
mit einem Tone sammetsatt
geschrieben und gedichtet hat.

UNTERHALTUNGSGABE

Die Leute wollten unterhalten sein,
sie sehnten sich nach Sonnenschein,
nach witz'gen, amüsanten Dingen,
den Dichtern wollte nicht gelingen,
die Herzen spielend zu bezwingen,
sie konnten es sich nicht erklären,
es war, als wenn sie träg geworden wären.
Offenbar bummelten sie gern,
verzichteten auf reizenden Erfolges Stern,

diejen'gen, die dem Publikum gefielen,
rangen gewiß nicht mit sehr hohen Zielen.
Wer hatte das Talent, mit anspruchslosen Sachen
anspruchsvolle Menschen vergnügt zu machen?

AN EINEN SCHRIFTSTELLER

Gern möchte ich in deinem Buche lesen,
das du mit ernster Seele niederschriebest.
Meine so riesig lustigen Geschichten
fangen mich sozusagen an zu plagen,
weil ich befürchten muß, ich hätte manche
unmutig, müd und matt damit gemacht.
Du beispielsweise hast nie stark gelacht;
immer bist du mit gleichsam feierlichem
Gesicht vor deine Leser hingetreten,
man hörte dich mit inn'ger Stimme beten,
und Mut und Trost flößtest der Welt du ein.
Weil ich mit meiner Feder lustig war,
drückt mich, verstehst du, eine Art von schlechtem
Gewissen, und ich möchte deshalb gern mich
in deines Werks Gewissenhaftigkeiten
senken; ich dichtete in einem fort
lustig, du ernst, und deshalb bist du wohl
der bessere, gediegenere Mensch
als ich, und all mein bis dahin geschriebnes
Lustiges stimmt mich ernst; auch du bist einer
von denen, die mich sicher nicht recht leiden.
Ich hätte Lust, beim Lesen deines Buches
mich nun im Frühling, im gewächsereichen,
mit deiner Art ein wenig zu vergleichen.

SELBSTSCHAU

Weil man nicht haben wollte, daß ich jung sei, wurd'
ich jung.
Weil Leidender ich sollte sein, umschmeichelten mich
viele Freuden.
Weil man in schlechte Laune mich zu setzen sich die
größte Mühe gab,
suchte und fand ich Weg' in solche, wie ich sie will-
kommner mir nicht wünschte.
Da man mir Ängstlichkeit einprägt', umjubelt' und um-
lachte mich der Mut.
Dadurch, daß man im Stich mich ließ, lernte ich Selbst-
vergessen,
wodurch ich in die Lage kam, mich in Beseeltheiten
zu baden.
Verlor ich viel, so sah und fühlt' ich, daß Verluste ein
Gewinn sind,
da niemand etwas wiederfinden kann, wenn er es nicht
vorher verlor,
und wiedersehen, was verloren ging, ist höherer Besitz
als ständ'ger.
Indem man mich nicht kennen wollt', geriet ich auf die
Kenntnis meiner selbst,
wurde verständnisvoller, liebenswürd'ger Arzt an mir.
Weil ich im Leben Gegner fand, zog ich auch Freunde
zu mir hin,

und Freunde fielen ab, doch Feind' auch hörten auf,
                                   feindlich zu sein,
und Unglück heißt der Baum, woran die schönsten
                             Glückesfrüchte wachsen.
Jeder trägt seine Lebensbahn in allem mit sich, was an
                                       Eigenheiten
Geburt, Umständ' zu Hause und die Schule ihm gegeben
                                           haben,
und Rettung braucht bloß der, dem's nicht gelang, sich
                                nicht zu überheben.
Niemals hatte ein mit sich Einverstandner Hilfe nötig,
falls ihm kein Unfall zustieß, daß man ins Spital ihn tra-
                                       gen mußte.

ELTERN UND KINDER

Die Eltern, die ich hier in Frage ziehe,
bestanden aus dem braven, wackern Vater
und einer seelenguten Frau Mama;
sie hatten eine Schar von hübschen Kindern,
die mit gebildeten Gesichtern glänzten,
von denen es im Städtchen hieß, sie seien
geeignet, es gewiß im Leben weit zu bringen.
Vater und Mutter und die Kinder lebten
nun allerdings vom Essen eher als
vom Renommee, das an und für sich schön ist.
Indes man in die Schule geht, im Walde
mit Kameraden int'ressante Spiele spielt,
sich Bücher schmecken läßt und Bildung aufnimmt,
die etwas so unsäglich Heitres sein kann,
kämpfen die Eltern mit den barschen Tones

sich merklich machenden Erfordernissen.
Da sich der Vater nicht gewachsen zeigte,
mußte die Mutter tät'ger sein, als es
sich für die Kränkliche und Schwache schickte.
Die Kinder wuchsen nach und nach heran,
sie erbten vom Ernährer einen Leichtsinn,
der auf der Freundlichkeit beruhte, ihrer
Mutter verdankten sie das Anspruchsvolle,
das sich in einem Sehnen äußert; opfern
wird immer wieder irgend jemand müssen.

ERINNERUNG

Die Schwäne, die im Teiche schwammen,
erschienen mir wie Flammen, hie und da
schrieb ich an die Mama, die in der Ferne weilte,
einen gediegenen und kurzen Brief.
Die Bäume, o, wie liebte ich sie tief!
In einem winz'gen Stübchen ich an Versen feilte,
die Tage hatten goldne Augen,
woran ich ungehindert durfte saugen.
Findig war ich gewiß nicht allzu sehr,
beständig blickt' ich träum'risch um mich her,
als ähnele das Leben einem Meer.
Wenn Leut' an mir vorüberkamen,
dachte ich an gewalt'ge Dramen,
an die Bilder der Herrn und Damen
in den prunkreichen Rahmen,
als wenn an mir nicht viel gelegen wär'.

WIE WIR WUCHSEN

Einst, als wir noch wie Wälder grünten,
uns aussichtslos zu sein erkühnten,
umtönte uns die Hoffnung, wie wenn Glocken
nicht kommen können in ein Stocken.
Merkwürdig ist es mit dem Jungsichfühlen.
Jung ist derjen'ge, der die kühlen, schwülen
Lebensannehmlichkeiten noch nicht kennen lernte,
von dem sich noch nicht jeder Wunsch entfernte,
zu leiden und entbehren. Mit der Freude
ich das Befähigtbleiben, mich zu freun, vergeude.

IM STÄDTCHEN MIT DEN ALTEN
TÜRMEN

Mit ungewöhnlich feinen und gescheiten
Schloßtürmen aus dahingegangnen Zeiten
stellt' meinen Blicken sich das Städtchen dar,
welches mein Ferienaufenthältchen war.
Mit offenkund'ger Lust nahm ich Notiz
von diesem und von jenem Herrensitz;
mauerumschloßne Gärten sagten mir,
ich bilde für die Landschaft eine Zier.
Ich glaubte gerne solchem Baumgeflüster,
im Herzen war es mir romantischdüster.
Hie und da stand etwa in einer Ecke
ein bäuerlicher-städteliger Recke.
Zwei reizende Terrassen mir gewährten
Aussicht in einen absolut verkehrten
Gesichtspunkt, der mich ja denn auch entzückte,

weil er mich meiner Wirklichkeit entrückte.
Entwirklicht und verträumt ging ich ins Bett,
wie war das Zimmer breit und groß und nett.
Die Wände schmückten ein'ge alte Bilder,
mir wurde in der Brust es immer milder.
Nun kamen Leute ins Gemach hinein,
und alle beugten sich im Lampenschein
zu mir, dem Liegenden, vertraulich nieder,
aus Engelsburgen klangen Engelslieder,
und ein unsäglich schönes Fraungesicht,
das mir nicht anders schien als ein Gedicht,
weil es solch ein Juwel von Antlitz war,
näh'rt' sich dem meinigen mit seinem Haar.
«Mama» sagt' ich. «Mein Kind», sprach sie, «ich
an, daß dir ein Romangedanke käme.   [nähme
Längst wartet man ja auf ein umfangreiches,
gebändigtes und seelisch üb'raus weiches,
vornehm-verzweigtes Buch von dir, und du
liegst hier in unerschütterlicher Ruh'»,
worauf ich sagt': «Ich will mich sputen, Mutter.»

DER TÄNDLER

Der Schlufi, der er einmal war,
nahm nichts als Schlüpfrigkeiten wahr.
Ihm konvenierte es, die Frauen
mit frechem Lächeln anzuschauen.
Der Reiz von ihrer Höschen Spitzen
ließ stundenlang verträumt ihn sitzen.
Eins ihrer Härchen zu studieren,
versetzte ihn in ein Vibrieren.

Die braven Mädchen lacht' er aus,
er machte sich nicht viel daraus.
Er sah in Fraun etwas wie Puppen
zum sie Beschauen und Beschnuppen.
Den Schönen war er sehr gewogen,
gab sich bei ihnen guterzogen.
Betrogen hat er niemals eine,
denn viel von ihm versprach sich keine.
Er wußt' mit seinen kleinen Zielen
sie ebenso genügsam spielen.

VON EINEM KNABEN

Diesem aus gutem Hause komm'nden Knaben
fehlte es nicht an Willenskraft und Gaben,
er blickte hier und da vielleicht verstört,
wie einer, der sein Wesen reden hört,
so, als erschrecke ihn, was er vernähme,
er wegen seines Feingefühls sich schäme.
Seiner verzweigten Eigenschaften Linien
glichen der Schlankgewachsenheit von Lilien,
er kam in eine Gegend, wo sich Palmen
bemerkbar machten; Ähnlichkeit mit Psalmen
hatten die Bäume, die im Sande standen,
er sah in einem Herrschaftshaus sich landen,
worin ihn glänzende Manieren banden
und bildete zum Diener sich heran,
und die ihn Cigaretten rauchen sahn,
hielten ihn für erfreulich und gediegen,
in mancherlei Beziehung durft' er siegen,
wie solche, die's verstehn, zu unterliegen.

DER ROMAN

Zum Frühstück gab es Brötchen,
hierzu trank man Kaffee;
die Katze und ihr Pfötchen
noch heut' ich vor mir seh'.

Ich schuf um jene Zeiten
auf hübsch geblümtem Tuch,
Erfolg mir zu erstreiten,
ein umfangreiches Buch.

Durch Tage, Nächte, Wochen,
in schweigendem Gelaß
schrieb ich ununterbrochen,
was für ein Fleiß war das!

Der Katze leises Raunen
trieb mich zum Dichten an.
Aus einer Schar von Launen
entstand mir der Roman.

DER GÜNSTLING

Ihm ging es mit der Fülle seiner Gaben,
von einem Vorteil sich zum andern schwingend,
und immer neue Fähigkeiten zeigend, nur
zu gut. Die Gunst, die ihn umwedelte
wie kühles Fächeln ein erhitztes Antlitz,
vermochte er nicht gleichermaßen
zu schätzen. Dienste leistend, wurde er mitunter,

um es mit einem runden Wort zu sagen,
frech, und in solcherlei Verfassung
verlor er viele seiner hergebrachten
reizenden Eigenschaften: überzeugende
Geschicklichkeit. Hie und da herrisch werdend,
was sich für seinen Dienerstand nicht schickte,
flößte er statt Vertrauen Kummer ein,
Abneigung weckend, wo sein früh'res, lust'ges
Ergebensein ihm selbst bei weitem besser
gefiel. Er wurde melancholisch, fing zu altern,
zu welken, zittern, zürnen an; dies merkten
die Mißvergnügten, die ihn eng umgaben,
und die den Anlaß nun herbeigekommen sahn,
ihm Schaden zuzufügen. Einem Günstling
sollt' es gelingen, ein Bescheidener
zu bleiben, aber grade dies ist schwer für ihn.

DIE REITERIN

Dort war es schön für mich, mir vorzustellen,
das beste sei, sich in der Seele still
zu halten wie ein Kind in seinem Bettchen.
Ich dachte damals weder an Vergangnes
noch Kommendes und lag in einer Lichtung
des ausgedehnten Waldes wie ein Bursche,
den eine schöne Frau nun grüßen müsse,
und in der Tat erschien auf einem Pferde
auch eine Reit'rin schon. Entzückend war es
für meine Seele, die dem Teiche glich
an Ausgeglichenheit und Stille, so als
gäb's eine hübsche Oberfläche nur

und keine Tiefe unter der gezognen
Linie des Lieblichen und Wünschenswerten,
wie sie aus einiger Entfernung freundlich
zum ruhig Liegenden hinüberblickte.

DER ARCHIVAR

Es kam einmal ein Archivar zu dem
Entschlusse, sich zu sagen, er sei müde,
und weil ihn das Bewußtsein nun durchdrang,
daß er den Lebensmut verloren habe,
sprach er zu sich: «Ich unglücksel'ger Knabe,
ich wanke.» Und das tat er in der Tat.
Von einer Ohnmacht wurde er ergriffen,
die Beine zitterten, die Last des Körpers
erschien ihm unerträglich schwer. Im Walde
sangen die sommerlichen Vogelkehlen;
das Jubilieren klang, als sei es glühend rot.
Ihm schien die Festigkeit komplett zu fehlen,
die Seel' ihm nicht den kleinsten Halt mehr bot,
er lächelte ironisch und war tot.

GLOSSE

Anläßlich eines Galaabends sprach ein nachmals großes
Tier voll Huld zu mir:
«Für mich steht außer Zweifel, daß Sie auserkoren sind
zu nichts als zu Plaisir.»

Wenn mich in Zukunft auch mit völligster Berecht'-
gung jemand abkapiteln will,
dem sag' ich: «Im Int'resse der Verständigung der Völker
halte bitte dich hübsch still.»

Wer einer Schul' entsprang, die von Napoleon gegrün-
det worden ist, wie ich,
für den ist's undenkbar, es könnte leicht ihm arrivier'n,
er wär' uneins mit sich.

Oft kann man Prachtgebäude abgespiegelt sehen in der
ersten, besten unscheinbaren Pfütze.
Wie zog ich einst vor einer leider längst inzwischen Hin-
gesunknen ehrerbietig meine Mütze.

Das Eintrittsgeld zu einem Dichtervortrag zahlt man
vornehm an der Kasse.
Beim Orgelspieler ich die Münze gnädig in die Kopfbe-
deckung fallen lasse.

Ein's Abends stand ich stimmungsvoll vor einer Herren-
kragenglätterei,
die mich ersuchte, zu bedenken, daß sie einstmals Staats-
kanzlei gewesen sei.

Wenn mitten du im Wesentlichen bist, wo kannst du
dann noch hin?
Hauptsach' entgeht mir nicht, indessen ich ein bißchen
nebensächlich bin.

DIE ENTWICKLUNG

Welche war es, die sich mir
von so schwacher Seite zeigte?
Während sie ihr Köpfchen neigte,
hob ich meinen voller Zier,
derart, daß mich ein Kollege,
der mich streifte auf dem Wege,
und um das Verhältnis wissen tat,
das nach ihm ich mit den Füßen trat,
Schurke titulierte!

War's die Schwarze oder Blunde,
die mit ihrer Seelenwunde
nächtlich mir zu schaffen gab?
Ich nicht gern die Mädchen hab',
die mit Miene, mit Gebärden
mir im Leben lästig werden.
Eine gibt's, die nicht erlaubt,
daß man ihr den Einfluß raubt.
Sie ist es, die triumphierte!

DER LYRIKER

Weil er sehr empfindlich war,
bot er Grund zur Klage dar.
Hübsche Frauen ließ er sitzen,
und indes sah man ihn flitzen
wanderburschenhaft durch Auen,
die am Morgen prächtig tauen.
Abends spielt' er in der Regel

heiter mit Zigeunern Kegel,
doch ein Flegel war er nie,
da ihm Poesie verlieh,
Anmut, Sittsamkeit und Würde
die Natur als feine Bürde,
die er durch die Steppe schleppte,
wo ein Mägdelein ihn neppte.
Mit behenden Dichterbeinen
wanderte er, wie wir meinen,
über Berge und durch Wälder,
innig schwärmte er für Felder,
und Gedichte schrieb im Kreise
Ungebärdiger er leise,
die von einer Unschuld sind
wie das Tun von einem Kind.
Doch als Bummler, Zeitverschwender,
Schlenderer durch schöne Länder
war er schuldig, er verdarb
mehr und mehr, wonach er starb.
Ähnlich einer großen Dame
wirkt sein melanchol'scher Name.

DER WANDERER

Auf seinen Wanderungen kam es vor,
daß er komplett den Mut verlor.
«Tor» sah er sich genötigt, sich zu nennen
und hätte wie ein Kindchen mögen flennen.
An einem Tische saß der Tropf
und stützte in die Hand den müden Kopf.
Doch aus total zerfetztem Glauben
wuchsen Nüss', Äpfel, Aprikos' und Trauben

des neuerlich mit sich Zufriedenseins.
Denn beim Erbleichen blieb ihm eins
treu ...
Welchen Namen könnte man ihm geben
als unverwüstliches Gefühl fürs Leben?

ICH WOLLT', ICH HÄTTE

Ich wollt', ich hätte allerlei noch nicht geschrieben,
mir ist zu sagen nichts mehr übrig fast geblieben.
Ich wollt', es hülf' mir jemand witzig hier zu werden,
bisweilen komm' ich mißgestimmt mir vor auf Erden.
Hätte ich heut' statt zwei Glas Bier Kaffee gesoffen,
so gäb' es eher etwas vom Gedicht zu hoffen,
das jetzt entsteht und mir nicht schnell gelingen will,
obschon's unsäglich still um mich ist, still,
wie ich es ungestörter mir nicht wünschen könnte,
obschon ich mir vielleicht gern etwas andres gönnte.
Ich weiß nicht, ob ich besser heute Wurst gegessen hätte
als Käse und ob ich's Gedichtelchen noch rette,
das Bruch zu sein mir scheint. Wie Hermann Hesse
mitunter tut, mach' ich nun eine dumme Fresse.
Zwar wollte ich, ich hätte Letzt'res nicht gesagt,
mir scheint, daß es durch Eleganz hervor nicht ragt,
inzwischen schlafe ich so lange, bis es tagt.

HARMONIE

Wie alles dies so kommen konnte!
Ich mich wie an mir selber sonnte.
Dadurch, daß ich mich kontrollierte,
ich mich mit Wichtigkeit verzierte.

Ich gab beständig acht auf mich,
bis Achtung vor mir selber wich.
Zu sehr soll man sich nicht bemeistern,
sonst kann man sich nicht mehr begeistern.
In einem fort stand ich mir vor der Nase,
glich dem zerbrechlichen und glänz'gen Glase,
hatte stets an mir etwas auszusetzen
und kam darum dahin, mich zu verletzen.
Ich mocht' mich selber nicht mehr sehen
und ließ infolgedem mich gehen.
Die beste Art, belehrt zu sein,
liegt im Sichselbstwillkommensein.

RITTERROMANTIK

Ein Ehepärchen stand an eines zack'gen Felsens Rand,
der Ritter hielt umklammert seinen Gegenstand der
Schand.
«Wir stürzen uns gemeinsam nun von dieser hohen
Wand,
die Aussicht uns gestattet in das duftumwobne Land,
hinunter in des tiefen Abgrunds wunderlichen Tand.»
«Hoffentlich fallen wir auf nichts als sammetweichen
Sand»,
geistreich und nett zu sagen sie auch jetzt den Mut noch
fand.
Die leichte Äußrung ihn sogleich zur Höflichkeit ver-
band,
besänftigt gab der Ritter seiner lieben Frau die Hand.

AUS RÜCKSICHT

Käm's mir nur auf mich selber an,
so wär' ich längst schon alt und müd.
Aus Rücksicht auf das Weltgemüt
hielt ich das Altern für verfrüht.
Weil ich nicht andere ermüden soll,
bin ich von Unermüdetheiten voll.
Ich gab mich jung und blieb es
und habe hiemit Liebes
den Menschen und mir selber angetan.
Zur Göttin schaute ich mit Lust empor,
ließ mit lebhaft empfundenem Vergnügen
von ihr mich rügen.
Gewiß ist der, der liebt, ein Tor,
doch geht hieraus etwas hervor.

DIE DICHTERIN

Nie hätte diese hochverehrte Dicht'rin
je dichten sollen; hübsche Jungens zogen
ironisch ihre Hüte nachts vor ihr,
der viel zu zart Empfindenden und viel
zu keck das Leben Liebenden. Sie küßte
einen Matrosen, den man mit durchstochner
Brust in der Metzgergasse später fand,
und was dergleichen Scherze mehr sein mochten,
die mit der Zeit Legenden wurden. Ich
begleitete die Schöne, denn noch immer
schien sie mir schön zu sein wie eine Nacht,
worin die Sterne perlenähnlich schimmern
und sanfte Menschen an der Stille sich

ergötzen, einen Abhang nun hinab,
und nie, kann ich versichern, trat beredter
an der Erscheinung das Bedeutende
hervor. Inzwischen, merkt' ich, öffnete
ein Abgrund um den andern sich, und ich
kann schwören, falls man dies für nötig hält,
daß ich nur um ein Haar mich nicht zerschellt
am senkrecht stürzenden Gemäuer habe.
O, sie entschwand, doch sie besaß die Gabe,
lang nachher wünschen noch zu machen, daß man
sie sähe. Glücklich macht nicht nur das Glück,
ja, oftmals macht Genanntes uns tiefelend.

DER GLÜCKLICHE

Menschen sind mund- und aug'- und ohrbegabt,
und Häuser haben Türe, Gänge, Fenster,
und in den Gassen, in den Sälen gab es
all diese Zeit her einen Glücklichen,
der vieler andrer Fehler mit sich trug,
was eine Last sein mußte, die ihn drückte,
nur daß ihn diese Drückerei beglückte.
Einstmals ging er im übrigen in einem
gewalt'gen Garten irgend etwas suchen.
Irgendwer gab ihm einen schwier'gen Auftrag,
den er kaum zu erled'gen hoffen durfte.
Auf dem Altan, das heißt, auf der Terrasse,
standen Gediegne, die ihn prüften, Herren
und Damen, eine prangende Versammlung,
aus der raketenähnlich ein Gelächter
stieg, und an diesem inhaltreichen Tage

zerbrach der dumme Bursche, der er war,
eine mit Malerein verzierte Tasse,
wonach mit einem Mal sich die Kulissen
verschoben. Immer blieb ihm manches Wicht'ge
fremd, er blieb töricht, doch um dieses Etwas
willen benied man ihn vielleicht mit Recht.
Stets schleppte er die Fehler vieler andrer
durchs Leben, und nach unten und nach oben
zog's ihn, er sah sich brauch- und unbrauchbar,
gelobt, getadelt und zerteilt und ganz.

ERZÄHLUNG

Mit einmal liebte ich sie nicht mehr,
oder ich bildete mir das nur ein,
oder dann war es so, daß ich es schön fand,
nicht mehr an sie zu denken.
Das Mädchen mit den Perlen hatte
zu mir gesprochen: «Du bist mein Gatte»,
obschon sie sich dabei durchaus nichts dachte
und ich es ihr wohl auch nicht glaubte, aber
ich war der ihrige; ging ich spazieren,
so tat ich's, weil ich sagte: «Sie erlaubt es mir.»
Hielt ich mich im Gemache auf,
geschah es wieder nur mit ihrem Willen.
Wie kam das, und wie kam es, daß auch sie mich
verlor und ich mit der Besitzerin
des Fächers den liebreizendsten
Vertrag einging, wonach ich nur vor ihr noch
                                        zittern,
mich nur um sie noch kümmern durfte?

PROBLEM

Entweder spring' ich als Gehülfe dann durch alle blank-
                                            geputzten Straßen,
mir selbst und andern fremd, oder die Zeit kam dann,
                                       wo mich gewissermaßen
Empfehlungen von allerbester Art auf Sofas lässig liegen,
                                              lesen ließen.
Schön ist's, wenn dir die Tage säuberlich und träum'-
                      risch an der Brust vorüberfließen.

Ich trüge ihr bedeutungsvolle Stellen aus den Werken
                                          großer Geister vor,
die als Ermüdeten mich aufgelesen hätte vor dem prächt'-
                                          gen Gartentor.

Sicher sehr angenehm
würd' ich der Güt'gen dann erzählen, wie es mich als ein
                                                 Problem
hierhin und dorthin trieb,
wie ich ein Rätsel mir auf allen Wanderungen blieb.

Dürft' ich befürchten, daß sie sich nicht lieb
ausnähme, wenn sie horchte, bis sie klug geworden wär'
                                          aus allem dem?

DER FÜNFZIGSTE GEBURTSTAG

Geboren bin ich im April in einem
Städtchen mit reizender Umgebung, wo ich
zur Schule ging; Pfarrer und Lehrer waren
zum Teil mit mir zufrieden. Mit den Jahren

kam ich als Lehrling hübsch auf eine Bank,
wonach ich Städte sah wie Basel, Stuttgart
und Zürich. Hier macht' ich Bekanntschaft mit
einer gar gütigen und lieben Frau,
die bald die Stadt und bald die Landschaft, je,
wie es ihr förderlich erschien, bewohnte,
und die auf Heinrich Heine aufmerksam
mich machte, den ich sicher erst viel später
in seinem weiten Wert begreifen lernte.
Die Frau hieß, wie nur ich imstand wär', es
zu sagen, doch weswegen sollt' ich solches
tun, da mich Diskretion beglückt? Stellungen
in Handelshäusern hatt' ich manche inne.
Lebhaft verließ ich aus durchaus ureignem
Drang einen Platz, um einen neuen zu
erschwingen und versehen; nebenbei
schrieb ich im Industriequartier Gedichte,
die später im Verlag Bruno Cassirer
womöglich etwas zu pompös erschienen.
So gegen sieben Jahre lebte ich
dann in Berlin als ems'ger Prosaist
und kehrte, als die Herrn Verleger keinen
Vorschuß mir mehr gewähren wollten, in
die Schweiz zurück, die viele um der schönen
Berg' willen lieben, um hier unverdrossen
fernerhin dichterisch bemüht zu bleiben.
Nun zähl' ich immerhin schon fünfzig Jährchen,
sagen mir heute ein'ge graue Härchen.

DIE LÄCHERLICHE

Zum ungetreusten Frauenzimmer
verlor ich nie der Treue Schimmer.
Ich darf vielleicht so schnell wie Wind
behaupten, ich war wie ihr Kind
und wie ihr Knabe und ihr Diener.
Anhänglicher war nie ein Wiener.
Doch jetzt tret' ich hervor und sage,
daß ich empor durch Untreu' rage,
indem ich mich um ihretwillen
in der Behaglichkeit, der stillen,
nie necken ließ durch irgendwelche Grillen.
Grillparzer brauste häufig auf,
man kannte ihn, nahm's mit in Kauf.
Lieblosigkeit und Liebe
blieben verwandte Triebe,
nahmen verschwistert ihren Lauf.
Ich blieb ihr treu, doch sie mir nicht,
sie wußt', ich sei ein Bösewicht,
wie komisch ich im Lichte
der Lächerlichen dichte.

DAS SONETT VOM ZWEIGLEIN

O, schöne Erde, du geliebte, lasse
dich mit verfiebertem, beglücktem Mute,
mit stockendem und quill'ndem, wildem Blute
lobpreisen und auch dich, du schlanke Blasse,

die ich im Geiste ungestört umfasse.
Du dachtest dir, du würdest mir zur Rute.
Ein Zweig indessen lacht mir auf dem Hute
und Unbekümmertheiten in der Rasse.

Hoch von den Felsen schauen mich die Zinnen
der Burgen an, und dann mit Künstlerinnen,
die ins Gemüt mir ihre Lieder singen,

Zeit auf das angenehmste hinzubringen,
ins Eigenwill'ge mich hinaufzuschwingen,
dran hindert mich nicht tiefstes Andichsinnen.

SPOTT MACHT SPASS

Schade um die Lüfte jetzt,
wär' so gern in einem Parke,
leider hat mich meine starke
Ader vor die Tür gesetzt.

Schade um den Teesalon
und um seine süße Sahne,
die sich mir im Größenwahne
aufgelöst in Spott und Hohn.

Doch wie machte Spott mir Spaß.
Ach, ihr könnt es gar nicht glauben.
Sich ein Paradies zu rauben,
dazu braucht es schon etwas.

WAS FIEL MIR EIN?

Ja, es war hübsch für mich, mich nach der Göttin
zu sehnen, alle Plätze, alle Straßen hatten
ein Ansehn wie von reicherer Lebendigkeit.
Wie war's mir mannigfaltig in der Seele, seit
ich sie für auserlesen herrlich hielt,
obschon ich offenherzig zu mir sprach: «Sie schielt.»
Das Fehlen der vollkommnen Schönheit
gab mir zu glauben Grund, sie sei die Schönste,
da Zärtlichkeit ja doch die Bildnerin
selbst ist. Wie kühl ist mit der Zeit das Herz mir
geworden. Habe ich den Schmerz vergessen,
der eigentlich das Sonnigste des Lebens ist,
woran ich mich erquickte, wie ich noch an keinem
Vergnügen hing? Wann ging die feine Stäubung
dem Schmetterling in mir verloren?
Wann fing es an, wann, wo begann, was mich
entfärbte, weshalb war's mir eines Tages nicht
mehr möglich, süß um sie zu sterben, so
wie Liebende den blumenduftenden
Tod verstehen? Sieht für mich nun alles wie
entzaubert aus, doch müssen nicht die andern
auch lieblos durch das lange Leben wandern?
Was fiel mir schönheitstrunkner Seele ein?

ALLEIN

Im hübschen und gefäll'gen Frei'n
fragt' mich ein kleines Mädelein:
«Willst du mein lieber Bräut'gam sein?»
«Ich liebe nicht die Sorgen groß und klein»,

erwidert' ich ihr zart und fein
«im übrigen hab' ich ein Herz aus Stein
und sage daher flink dir nein.»
Wie schaut' erstaunt das Mädchen drein!
Die Äuglein lauter Sonnenschein,
und was für nette Arm' und Bein'.
Es scheint, daß jedes für sich selbst will sein.

DAS KRANKHAFTE

Als ihn die Kränklichkeit gefangennahm,
belebte ihn ein amüsanter Gram.
Indem jedoch Gesundung zu ihm kam,
stützte er nicht den Kopf mehr in die Hände,
damit er sich von Trau'r umschmeichelt fände
und sich ein Seufzer seinem Mund entwände.
Wie wenn ihm wenig nun am Leben läge,
das Spannende in ihm sich nicht mehr rege,
ging er wie eine Puppe seine Wege.
Mit seinem ritterschauspielhaften Schnäuzchen
glich er gewissermaßen einem Käuzchen
und saß von nun an täglich irgendwo
in denkbar unromantischem Büro.

DICHTER

Schon als Knabe stellte er
wunderschöne Verse her,
die sehr viel zu sagen schienen,
denn es lag Geduld in ihnen.
Mit der Zeit lernt' er den Frauen
zärtlich in die Augen schauen,

mit der Gunst, die er erwarb,
manches Schöne in ihm starb.
Ruhm in jungen Jahren kann
lüstern machen einen Mann,
weichliche Bequemlichkeiten
mit den Tugenden sich streiten.
Öfter strich er sorgenbang
mit der Hand sich Haar und Wang',
dacht' an Geld und Publikum,
derart ging die Zeit herum.
Kamen ihm Erinnerungen,
hat er stark mit sich gerungen.
Seine Frühgedichte hatte
immer lieb der spätre Gatte,
nach und nach ward Großpapa,
der einst in das Schulheft sah.
Um Humor hat er gebuhlt,
stets von neuem sich geschult,
heut' bei ein'gen seiner Zeilen
mit Vergnügen wir verweilen.

SIE LANGWEILTE SICH

Die Straßen waren ihr zu wenig fremd,
die Restaurants und Kinos kamen ihr
vor, so, als wollten sie ihr lästig fallen,
nicht müde war sie worden, nein, nur kalt,
eine Gleichgült'ge ging sie neben Menschen
und Wagen hin, Neues war nicht vorhanden,
die Herrenwelt zum Beispiel schien ihr alt,
junge und fröhl'che Leute machten ein

Gesicht, benahmen sich auf eine Weise,
daß sie den Gipfel der Unint'ressantheit
darstellten. Kokettieren lohnte sich
nicht mehr. «Langweilig ist mein Aufenthalt
in dieser einst für mich so hübschen Stadt
geworden», sprach sie zu sich selber. Täglich
dacht' sie dasselbe, wünschte sich genötigt,
zu reisen und doch lieb' sie das Verschmähte,
fand im Verachteten noch immer viel
Schönes, blieb nicht und ging nicht fort und sah sich
vertrieben und doch wieder angezogen
vom scheinbar schon zu lang Vertrauten,
fragend die Menschen ihr ins Antlitz schauten.

DER BRIEFSCHREIBER

Hat jemand beispielsweise das Talent,
Briefe zu schreiben, die sich jeweils lesen,
als schaue man in eine Bilderreihefolge,
so wird vermutet, er hör' nimmer auf.
Keinem fällt ein, ein's Tages könnt' es ihm
am inneren und äußern Anlaß fehlen,
geistreich und mitteilsam zu sein.
Man wundert sich, wenn sich der Briefverfasser
stillhält, nicht fortfährt, wie ein Brünnlein
zu rauschen, plätschern und zu plaudern.
Man möchte immer nichts als von dem Wackern
aufs wackerste und aufs gediegenste
bedient, belustigt, unterhalten sein.
Er aber, der die Briefe schrieb,
womit er sich und andre amüsierte,

hat vielleicht plötzlich das Bedürfnis,
im Schweigen sein Vergnügen zu entdecken,
und er entdeckt es in der Tat
und schweigt jetzt, wo er früher schwatzte,
munter drauflos, weil die Zurückhaltung
für ihn ein anderes und Neues ist,
das ihn belebt, ihm Abwechslung verschafft.
Er findet, daß das tagelange
denkend im Zimmer Auf-und-nieder-Wandern
von einer unbekannten und aparten
Annehmlichkeit und Schönheit sei,
und unter andrem denkt er ans
Entstehen seines ersten Briefs, und etwas
Einfaches kommt ihm seltsam vor;
der Anfang, das Beginnen int'ressieren ihn,
und die Empfänger seiner Briefe können
dies nicht verstehn, sind nicht imstande, zu
begreifen, aus welch sonderlichem Grunde
er die Gesprächigkeit nicht fortsetzt ...

DER RABE

Ich klage heute wie ein Unglücksrabe
an meiner wunderschönen Liebe Grabe.
Was war sie mir doch nicht für eine Labe,
und habe ich nun einzig noch die Klage
übrig, damit sie übers Leid mich trage?
Denn die Geschichte tut mir wirklich leid.
Zum Glück in meinem Unglück sind die Tage
ja, ja, die Tage, daß ich es nur sage,
schuld, daß ich an der Holden schuldig ward.

Die Schuld ist freilich nur von zarter Art,
statt starken Th's bedürfte es des schwachen,
um Klangvollendetheit komplett zu machen.
Die Schuld ist nicht gar groß, ich seh' es ein,
einer Schönheit zeitweis untreu zu sein,
und dann sind Gott sei Dank die vielen Tage
die Sünder, doch in meiner jetz'gen Lage,
wozu auch noch die Zahnwehplage kommt,
mir eine lange Jambenklage frommt,
und es mir gut tut, wenn ich wie ein Rabe
mein schwarzes Unglück zu beklagen habe.
Daneben ist für mich wohl keine Frage,
daß eine Reihefolge schöner Tage
gottlob die ganze Schuld am Unglück trage.
Daß ich dies nur so laut wie möglich sage,
damit vielleicht verstanden werden kann,
ich sei kein ganz und gar mißratner Mann,
dem jetzt die Klage sagt, daß einzig Neigung
vielsagend ist in vielerlei Verzweigung.

DIE KLEINEN DINGE

Beständig sich was findet,
das mich ans Leben bindet.
Schon öfter ich mich fragen tät,
weshalb man lebt von früh bis spät?
Von einem Tag zum andern
seh' ich mich gleichsam wandern,
das Herz in mir ist still,
ich nichts von ihm mehr wissen will.
Daneben aber gibt's geringe

alltägliche und nette Dinge,
weswegen ich mich mit Vergnügen
ins Nötige mag fügen.
Abends zur Ruhe ich mich lege,
irgendwas Schönes in Gedanken hege,
nach Möglichkeit mich pflege
und vor der Frage stehe,
was ich wohl morgen sehe?
Neugierde,
bist du des Lebens Zierde?

BESCHAULICHKEIT

Die Bücher waren alle schon geschrieben,
die Taten alle scheinbar schon getan.
Alles, was seine schönen Augen sahn,
stammte aus früherer Bemühung her.
Die Häuser, Brücken und die Eisenbahn
hatten etwas durchaus Bemerkenswertes.
Er dachte an den stürmischen Laertes,
an Lohengrin und seinen sanften Schwan,
und üb'rall war das Hohe schon getan,
stammte aus längstvergangnen Zeiten.
Man sah ihn einsam über Felder reiten.
Das Leben lag am Ufer wie ein Kahn,
der nicht mehr fähig ist zum Schaukeln, Gleiten.

DIE ABENTEUERLICHE MAUS

Sie zeichnete sich früh durch Anmut aus,
ihr Antlitz war sehr fein, ihr Haar war kraus,
man überraschte sie ein's Tags in einem Haus
am Naschen, doch sie macht' sich nicht viel draus,
sie glich in mancher Hinsicht einer Maus,
lebte zeitweis in lauter Saus und Braus,
hierorts warf man sie Knall auf Fall heraus,
anderwärts wieder saß sie froh beim Schmaus,
plötzlich erlaubte sie sich eine läng're Paus',
als sei sie eine in sich ruhnde Laus.

STELL SIE DIR VOR

Stell' dir nur eine solche schöne Frau
vor, wie sie lange Jahre jung und gut war,
das Leben mit der Herzlichkeit umarmte,
an alles Glaubenswürd'ge mit Vergnügen
glaubt', an die Fröhlichkeit der Jugend, die
Gediegenheit des Älterwerdens, und
nun wird sie selber leider Tag für Tag,
Monat für Monat, Jahr um Jahr vor allen
Dingen geduld'ger mit sich selbst. Sie hat
Schwächen, Gebrechen, Fehler kennen lernen,
und sie verzeiht dies alles hundertmal
eh'r an sich selber als an ihren Nächsten,
hält sich mit einer Süffisantheitsmiene
für eine achtenswerte Art Ruine.
Im übrigen wird man bei allem dem
hauptsächlich mit der Zeit enorm bequem.

DIE GEPRÜFTE

Sie zeigte sich in reichem Samte
und hatte Pagen und Beamte
und Herrlichkeit, so viel man will.
Wie wurde sie nun klug und still,
die einst auf wunderhübschen Pferden
sich übermütig konnt' gebärden.
Verlassen sie sich plötzlich sah;
da lag naturgemäß es nah,
daß sie in alles, was sie rügte,
sich möglichst brav und freundlich fügte.
Das einz'ge, was ihr übrig blieb,
war, daß sie artig tat und lieb,
Früh'res vergaß in dürft'gem Neste,
sich eins erwies mit einem Reste;
für sie war Folgsamkeit das beste.

SCHLOSSAUFENTHALT

Er lebte nun in einem Schloß,
wo es ihn hie und da verdroß,
daß er nicht Grund zu klagen habe,
unglücklich sein sei eine Gabe,
es seinem feinen Mund entfloß,
und er erging sich dann zu Roß
in der entzückenden Umgebung
und saß nach solcherlei Belebung
träum'risch zu Haus und sah aufs Naß
des Wassers, und er dacht' mit Haß
im imponierenden Gelaß

an sich und sein bisher'ges Leben
und sah sich vor sich selber beben,
in einem fort am Denken kleben,
das Denken war nicht zu verjagen,
er war nicht fähig, was zu sagen,
hoch sah er fern die Berge ragen.
Hätte er tüchtig können klagen,
von früheren und schönern Tagen!
Aber er hatte nichts erfahren
und war nun schon ein wen'g bei Jahren.
Das Schloß war an sich wundervoll,
man das durchaus bestät'gen soll.

WOLLEN UND KÖNNEN

Das ist mir einer, der in einem fort,
was ihm nun einmal nicht gelingen will,
geordnet und bewältigt und gereinigt haben möchte.
Schwierigen Dingen möcht' er Rat verleihn,
hat das Bedürfnis, ein Geriebener zu sein,
und merkt nicht, daß das Schicksal nicht mag haben,
er dürfe nach Verborgenheiten graben.
Ihm schweben stets geheimnisvolle Schätze vor,
die ein im übrigen vernünft'ger Tor
verlor, und ausgerechnet er verstände sie zu finden,
der nicht das nöt'ge Zeug doch hierzu hat.
Er meint, für ihn schick' es sich, schlau und glatt,
aalschlau und schlangenglatt gewissermaßen sich zu
betragen, ach, wann will es bei ihm tagen,
wann fällt's ihm ein, die Grenzen zu verehren,
die sich um seinen Ehrgeiz, seine Energien ziehn,

lieben, was ihm verliehn, beschieden ist,
wann will er nicht mehr zu viel wagen,
nicht können wollen, was er, daß ich's sag',
bei allem Schaffenseifer nicht vermag?

IM GRÜNEN

Ich lebe hier im Grünen,
die Hübsche ist mit ihrem Kühnen
samt ihren blühnden Sammetwangen
in fremdes Land gegangen.

Um Fehlerlein zu sühnen,
mühe ich mich wie ein Lakai.
Umgeben nun von sand'gen Dünen,
kämpft sie mit einem Heimwehschrei.

Viel sonderbare Bühnen
das bunte Leben bietet dar.
Zu denken an ihr goldnes Haar,
wie hübsch das ist im Grünen.

NUR SACHTE

Käm' ich gelegentlich in andre Lage,
so führte mich dies unter Menschen, nun,
das würde an sich durchaus niedlich sein,
ich säh' vermutlich ein'ge nette Frauen,
aber dann käme es womöglich vor,
daß mir die Redensarten nicht gefielen,

die unter Leuten üblich sind, ich hörte
Bestehendes bezweifeln, Heiliges
geistreich in Frage ziehen, und dann könnte
mich plötzlich jemand fragen, wie's mir gehe,
und ein derart'ges Sichnachmirerkund'gen
würde mich, wie ich glaube, sehr verstimmen,
man könnte mich für unempfindlich halten,
Empfindende empfinden viel und wenig,
item, ich will mich nicht zu sehr beeilen,
nicht ferner noch ein wenig zu verweilen.

GRENZEN DER INTELLIGENZ

Geistvoll wie irgendeiner,
trieb es ihn, zu versuchen, ob er reiner,
unmittelbarer, reicher wirken könne,
doch so, als wenn er selbst es sich nicht gönne,
benahm er sich beim Fluge in die schöne,
erhabne Höhe ungeschickt. Die Töne,
die Bilder, denen Leben er verleihen wollte,
waren nicht hörbar und nicht sichtbar. Rollte
er hügelabwärts wo er klimmen sollte?
Kann sein! Jetzt denkt er ans Talent,
an Shakespeares stillen und bescheidnen Kent,
an schöner Frauen Ungemach, an eine Sorte
vortrefflicher, doch wirkungsloser Worte.
Geistreich sind viele,
die nicht verwendbar sind zu höh'rem Ziele.

DIE GUTE

In hellem Eifer schrieb die Gute mir:
«Noch glaub' ich an die Fröhlichkeit in dir.»
Doch ich erinnre mich mit einmal hier
an solche, die aus irgendwelchem Grunde
Verstummen auferlegten ihrem Munde.
Mitteilsam sein liegt ihnen plötzlich fern,
scheinbar begeben sie sich nicht mehr gern
dorthin, wohin die gehen, die gern plaudern.
Handelt es sich um solche, die ins Zaudern
gekommen sind und nun daran Vergnügen
empfinden, die nicht hurtig etwas lügen
können, um andern einen Spaß zu machen?
Das sind seltsame und kuriose Sachen!

DAS STOLZE SCHWEIGEN

Vergeblich schrieb sie Brief auf Brief,
er war zu seltsam und zu tief
und hatte keine Lust am Schwatzen,
wie man es findet bei den Spatzen.
Umsonst ersuchte sie ihn, ihr zu schreiben,
artig und aufmerksam zu bleiben,
er sah sich schon seit langem zaudern,
ihr irgend etwas vorzuplaudern.
Sie wollte Lust'ges von ihm hören,
an seinen Fröhlichkeiten sich betören,
so häufig sie ihn bat, vergnügt zu sein,
schwieg er, als wäre er ein Stein.
Gewiß gelang im Lauf der Zeit schon vielen,
den Unempfindlichen zu spielen.

DIE NONNE

Die Hoffnung war an ihr vorbeigegangen;
mit mancherlei Bedauern ließ sie ziehn,
was scheinbar ihr nun einmal wollt' entfliehn;
sie gab sich etwas Höherem gefangen.

Allmählich bleichten ihre blühnden Wangen;
die Jahre gingen melancholisch hin.
Infolge klösterlicher Disziplin
sich ihre Wünsche in den Himmel schwangen.

Viele gehn lieblos durch das schöne Leben,
man sieht sie an der Eigenliebe kleben;
der Abgewandten jedoch war's gegeben,

mit jedem Atemzuge, jedem Schritte
das Hergebrachte und die Bräuch' und Sitte
zu lieben, ob sie auch darunter litte.

DAS VEREINSMITGLIED

Er ist ein ausgesprochener Geselle,
der sich nach Einsamkeiten sehnt;
der vielerlei zu wirken wähnt,
er wohnt zum Schein in einer Zelle.
In Wirklichkeit jedoch ist er
verbindlich und manierlich sehr,
er steckt als Snob in einem Frack
statt als Prophet in einem Sack,
er hat die Welt verbessern wollen,

dies hat ihm nicht gelingen sollen.
Gehört er nicht zu jenen vielen,
die sich verrechneten in ihren Zielen?
Gebornes Mitglied von Vereinen,
möchte er immer noch gern meinen,
er zähl' im Grund nicht zu den Kleinen,
groß will er sein und kann's nur scheinen.

DIE FRAU MIT DEM GEFIEDER

Am Vormittage dichte ich,
dann lese ich vergnügliche Romane,
spiele danach mit Karten,
nach Tisch begebe ich mich in den Garten
oder spaziere durch ein zierliches Gehölz.
Die Zeit verbringe ich im Wahn,
daß ich ein ems'ger Bürger sei.
Einst spielte ich mit Mädchen und mit Knaben,
benahm ein bißchen töricht mich dabei,
benützte meine Gaben,
zum es bisweil'n zu gut nur haben.
Nun geh' ich schon um neun ins Bett,
bewege mich gediegen und adrett.
Manches kam anders, aber hin und wieder
seh' ich im Geiste der Geliebten prächtiges Gefieder,
die lieben, schönen, sanften Augenlider.

DIE ALLEINSTEHENDE

Unnütz bin ich und verkannt,
schaue hier ins Unerreichte,
in das Reizende und Leichte,
das mir schmeichelt und mich bannt.

Was es, das ich schön hier finde,
könnte sein, versteh' ich nicht:
Holde Düfte, leise Winde,
angenehmes, mildes Licht.

Bald ist mir, ich möchte wandern,
schreiten mit dem flinken Bein,
bei dem einen oder andern
hübschen Gegenstande sein.

Rascher aber, als ich denke,
flieht mein Wunsch im Flug dahin.
Ich mich zu mir selber lenke
und mit mir zufrieden bin.

ER WAR NICHT NETT

Er darf jetzt nicht mehr so wie früher
beliebig durch die schöne Welt spazieren gehen,
mit Frauen scherzen und im Morgenlichte
flanierenden Gestalten flüchtige Beachtung
erweisen; nun lebt er in einer Art von Kloster.
Die Herrin hat ihn hingetan,
wo er nur noch in Bücher blicken kann,
damit er sich allmählich bessre, denn er war

unartig zu derjenigen, an die er jetzt
denkt, und zwar unablässig, und sie weiß es,
sie wird von dem Bewußtsein, daß es so und
nicht anders ist, stets schöner. Ihn zu quälen,
ist süß für sie.

DER UNTERNEHMER

Ihm wird's schwer, man kann's verstehn,
seine früh're Frau zu sehn.
Alt und morsch ist er geworden;
seine Ruhe zu ermorden,
stieg sie zierlich vor ihm auf,
ihn an seinen Lebenslauf,
seine vielen Taten mahnend.
Sicherlich nichts weiter ahnend,
achtete er Leid gering,
maßen er sich unterfing,
hoch zu kommen. Edle Züge
kleideten wie eine Lüge,
die man gern im Spiegel schaut,
sein Gesicht, verwandt, vertraut.
Die er einstmals hat verlassen,
zeigt sich ihm nun in der blassen
Schönheit einer Vision.
Er versucht sie zu umfassen,
doch schon flattert sie davon,
und ihr Lächeln ist wie Hohn.
Wenn wir mit den Jahren reifen,
auf Erinnrung wir uns steifen.
Liebes, über das man zog
in die Welt, die dich betrog.

DER VERFEINERTE

In unsäglich feiner Art
gab er sich gelehrt und zart.
Jede seiner schönen Gesten
gab er elegant zum besten.

Zweifellos mit Geist und Blut
meint' er's mit den Menschen gut;
doch der letztern Wünsch' und Wege
bildeten ein wirr' Gehege.

Hoch ragt' er mit der Gestalt
über Jugendlich und Alt.
Seines Frackes Vornehmheiten
boten keinen Grund zum Streiten.

Herrlich stand ihm zu Gesicht
eine Einsicht, daß er nicht,
wessen er sich unterfangen,
könne an sein Ziel gelangen.

WER DARF SAGEN,
ER KENNE DAS DASEIN!

Man soll sich Mühe geben,
etwas zu erleben.
Verhängnisse schweben
über uns allen.
Da wir können fallen,
so dürfen wir in den Tagen,
die uns in die Helligkeit tragen,
fröhlich jagen,
munter ja zu uns sagen.
O, wenn nur einem Fremden etwas nicht mundet,
sein Lebensstern verwundet
ist, wir ihn unfroh sehen,
tut's uns leid.
Wie weit
eher verletzen uns die Verletzungen,
die in die nahe Bekanntschaft eingedrungen,
aber die Seele wage auch das Schwere
schicklich zu nehmen, und sie wehre
sich gegen Gefühlsandrang und gegen
die scharfgeschliffenen Degen
des Mitleids. Unser Stolz
muß immer sein, wir sei'n aus ganzem Holz
geschnitten. Innig sinnen

wirst du dir wohl zu Zeiten erlauben
können, aber du weißt ja von Hause aus,
wie die Zeiten verrinnen
und außen und innen
die Meeres- und die Menschenschicksale gleich
sich bleiben, das stille, grandiose Gebraus
ewig eins ist, laß dir also vom Weich-
werden nicht die Söhne,
die Bewußtheiten, die dir das schöne
Gleichgewicht schenkt, schmählich rauben.
Im Morgenlichte stehen die Paläste,
Staats- und Wohnhäuser, worin das Beste
geübt und gesucht, gelehrt und gelernt wird.
Ordne auch du dich, bringe dich mit
dem, was um dich lebt, in ein
Einvernehmen. Es herrschen Art und Sitt',
und der Bildung muß Tribut entrichtet sein.
Hoch in den Himmel ragt die Spitze
der Kirche. Ein paar Ritze
schaden, vom Erfahren eingehaun, dem Gemüte nicht.
Auf deinem Gesicht
sei zu lesen, daß dich alles so viel
angeht wie das Liebste.

DIE SCHÖNE FRAU VON THUN

Ein schwarzes Kätzchen schaute eines Abends einen
                                                feinen,
es streicheln woll'nden Weltmann an mit glühnden
                                        Augensteinen.

In einem Kinderwägelchen lag äußerst lieb und brav
ein ungewöhnlich leis aufwächselender Biograph.

Als ein Virtuos einst seine Symphonie zusammenbaute,
es ihm dabei schon fast vor seinen Fähigkeiten graute.
Ein Oberlehrer schaute mir von ferne, als ich schanzen,
will sagen, dichten sollte, zu, er sah mich jedoch tanzen.
Die Bockwurst, die ich schon vor vielen Jahren einmal
aß,
unglaublich appetitlich auf dem weißen Teller saß.

Nun komm' ich noch zu sprechen auf die schöne Frau
von Thun,
die ganz entzückend plauderte schon bloß mit ihren
Schuhn.

WESHALB DIES SCHALLEN?

Ich kam da so von irgendwo daher, und nun blieb ich
mit einmal stehen, weil ein Tönchen meinem Mädchen
glich
an köpfchenbläßlichhängenlasserischer Kleinlichkeit.
Das rührende Gebärdelein schien mir nicht recht gescheit,
das mir aus Mitleid mit der nun nicht mehr so recht Be-
gehrten
entstand. Auf welch verschlungenen und ach, so oft ver-
kehrten
Wegen wir gehen! «Komm, ich bin dir gut, und nach
wie vor
bricht und quillt glühnde Gläubigkeit aus mir zu dir
empor»
redet' ich, so, als hätte ich das Tönchen streicheln sollen,

das mir da scheinbar etwas Flehndes hat erzählen wollen.
Die Lebensfreuden, und die ruh'gen Freuden auf dem
Lande
begleiteten mich tönend bis zu eines Wäldchens Rande.
Doch da entschwand es, wie uns alles schwindet, und schon
wieder
hörte ich irgendwelcher neu'r Erkräftigtheiten Lieder.
Warum wird es nie stumm und kalt in mir, und weshalb
schallen
so helle Rufe aus ruinenhaften Lebens Hallen?

LINDENBLÜTE

Jetzt, wo's auf einmal kalt geworden ist,
um mürr'sche Häuserreihn sich etwas Erznes
drängt und die Blätter an den Bäumen vor der
Ummaurung zittern, die die frost'ge Wittrung
scheinbar ohn' alle Rücksicht auf das Fühlen
der fröhl'chen und empfindenden erstellt hat,
wo Überzieher schon die Schultern zieren
und unsere Vergnüglichkeiten blaß sind,
denk' ich an jenes Frühlingsblau und an
die duft'ge Lindenblüte, die ich küßte,
als mir dein Bild noch jeden Schritt versüßte.
Wo bist
du? Wenn ich das nur zu erfragen wüßte!
Welcher Mund
gäbe mir kund
Ort und die Stund',
wo ich dich endlich wiederfinden müßte?

DAS SONETT VON DEN KRALLEN

Auch sie sieht dieses nasse, schwere Schneien,
sie, die so lieb ist: ich hab' das erfahren
und alle, die mit ihr verbündet waren;
hört ihr den Jüngling zum Erbarmen schreien?

Nie gingen sie im Abendlicht zu zweien;
schwerfällig senken sich die nassen Scharen;
sie rissen ihn bei seinen goldnen Haaren;
der Laienbruder sang die Litaneien.

Sie, die so lieb ist, schaut nun auch dies Fallen.
Was fiel nicht Hohes schon seit Adams Zeiten?
Weshalb sollt' man sich nicht auch Weh bereiten?

Durch blutgerötete, verlassne Hallen
seh' ich sie auf den ausgespreizten Krallen,
sie, die so lieb ist, still von dannen schreiten.

DAS GRÜN KLAGT

Ich hab' ihn nicht ermahnt, bin nicht zu ihm gestanden,
da sie ihn all' zusammen ungebührlich fanden.
Hätt' es für mich denn bessre Sittsamkeit gegeben,
als ihn mit ein'gen sanften Worten zu beleben,
ihn, dem im finstren Kerker seiner Leidenschaft
Aufmuntrung fehlte und des heitren Mutes Saft?
Warum ließ ich ihn nicht das köstliche Vertrauen
zu mir empfinden, da ich ihn hab' auf mich schauen
sehn, ganz auf sich allein mußt' er von nun an bauen.

Fassung ihm einzuflößen, als er schwankte, wäre
mir liebe Pflicht gewesen und ihm liebe Lehre.
Wie viele sonstige, verurteilt' ich ihn schnell,
was weder schön von mir war noch auch herzenshell:
klagte das dunkeltön'ge, süße Frühlingsgrün,
mit reichlich aus der Erde sprießendem Erglühn.

DIE KREATUR

Nachts raschelt im Wald das Tier,
das Atem hat wie wir.
Habt ihr's empfunden,
dies Wesen mit den tausend Wunden,
in stillen Gebirgsstunden,
oben in kalter Luft,
in dieser Natur, in dieser Gruft? –
Sei nicht bös auf mich,
hätt's auch aus hundert Munden
in dir geschmäht mit mir.
Noch immer verehr' ich dich!
Alle Leute hadern mit sich,
steigen von den Gipfeln der Unzufriedenheit
langsam ins Tal,
auf Pfädelein, die schmal
wie Zungen sind, des Gesinnungsumschwunges,
und jeder ging schon weit
fort im Geist und kehrte in das bißchen Glück
zurück,
Abschied von erdichteten Zuständen nehmend.
Sahest du die Großäugige
im Wald stehen, die schon die Hunnenschlacht

unbewegt mitansah?
Gestern nacht war ich ihr nah.
Nun sitz' ich da.
Eisenbahnzüge durchqueren die Länder,
auf dem Meere fliegen die Schiffe.

AHNET IHR IHN NICHT?

Macht's, wie ihr wollt,
ob ihr euch sollt
beizeiten noch die Hände reichen,
auf den Steinbänken bei den weichen
Forellenteichen euch wollt gleichen
in schönen Gebärden und im schönen
Denken, wie es sich den Söhnen
derer, die im Kampf gefallen sind,
ziemt, oder ob ihr blind wie Wind,
auf und ab zu wehn begehrt,
nichts danach fragt, ob's auch ehrt
und dient; der indische Tiger
schaut auf euch mit funkelnden Krieger-
augen, gleich einem kommenden Sieger.

ER IST'S, ER

Ich blicke in die Nacht hinaus
von meinem engen Fenster.
Die Sterne stehen wie Gespenster
in stillem Haus.
Was wollen sie nur sagen,

wer möchte danach fragen?
Steh’ ich nicht jeden Morgen,
wo immer ich auch wohnen kann,
und was ich nachts auch sann,
vom Lager ohne alle Sorgen?
Ist nicht der stärkste Ringer
ein Spielball in des Todes Finger?
Kalt hat er manchen Hoh’n
davongetragen schon.
Er ist’s, der mich die Erde lieben läßt;
könnt’ ohne ihn ich etwas lieben,
ohne dieses Gefühl,
daß es mit dem Gewühl,
mit dem Kuß
irgendeinmal enden muß?

NUNGESSER

Hier widme ich dir stolzem, dummem Keibe
ein scheinbar wahrhaft herrliches Sonett.
Auf die verwegne Fahrt im Himmelbett
nahmst du nichts mit als eine Rindfleischscheibe.

Ob dich Fortuna bis nach New York treibe,
war eine Frage, die du sehr adrett
bejahtest, und die Stücke vom Kot’lett
behagten auf der Reise deinem Leibe.

O, nun entsteigen aber meinem Munde,
der wacker bis hierher zu witzeln wagte,
Klagen um das Verfehlte einer Stunde.

Doch dir ist längst im stillen Meeresschlunde
wohl, und nachdem ich dir Frivoles sagte,
schien es mir schicklich, daß ich dich beklagte.

SPIEL

Ohne zu wissen, wie's geschah,
war zwischen ihnen die Trennung nah,
das Trennende ist kaum zu spüren,
als sei's ein leises Öffnen von Türen.
Die beiden guten jungen Leute,
die plötzlich das Geschick zerstreute,
werden vielleicht mit ältlichen Gesichtern
in einem schönen Zimmer, von Lichtern
erhellt, sich freundlich wiedersehn.
Menschen wie Winde auseinandergehn,
und wie Kinder kommen heimgegangen
mit unbefangnen Wangen,
nachdem sie draußen viel
Zeit verspielten im kindlichen Spiel.

ARABIEN

In Arabien hat der Mann
einen Mantel flatternd an.
Mit romantischer Gebärde
reitet er auf herrl'chem Pferde.

Aus dem glühendgoldnen Sand
steigt wie eines Kindes Tand

die erquickliche Oase
wie die Blume aus der Vase.

Tagelang muß man dort reisen,
ehe man in einem leisen
Hauch von Bildungszentrum steht
und durch eine Straße geht.

Schweigsam sich die Fraun verhalten.
Mit nur spärlichen Gestalten,
wenn mich nicht ein Irrtum trügt,
jeder willig sich begnügt.

GESCHICHTE

In der Familie ging es leise zu,
als ob sich die Mitglieder voreinander
geflüchtet hätten. Trug man feine Schuh',
so schaute man sich nicht mit minder Vorsicht in
die Augen. Die Manieren schienen seidene zu sein;
dennoch begleitete ein nicht sehr feines
Etwas die Feinheit äußrer Formbewahrung.
Der Gatte zirkulierte häufig als
immer noch jugendlicher Abenteurer durch die Vorstadt.
Fraun zu umarmen war ihm ein Bedürfnis.
Inzwischen schmachtete die eigne Frau
nach Inseln und dergleichen. Herrl'che Gärten
schwebten ihr vor, wenn sie auf reizend
versteckter Bank mit irgendeinem eleganten
Liebhaberlein zusammensaß, mit dem sie
sprach wie mit einem seltenschönen Hunde.

Einer der Söhne trat zu dunkler Stunde
in eine Villa, die er einer Tänzerin
als hübsches Eigentum gegeben hatte.
Bei Kindern und bei Eltern schien es sich
vorwiegend um ein Ideal, ich meine,
um Lebenskunst zu handeln, und sie wußten,
daß sich dies nicht nach jeder Richtung hin
rechtfert'gen ließ. Jegliches, das in Frage kam,
wünschte sich mäßigen zu können; keines tat es.
Alle machten einander einen ähnlichen
unangenehmen Vorwurf, sie gehorchten
grundsätzlich herzlich gern, doch in der Praxis
verhielt sich's anders. Zwischen Kind und Mutter
kam es zur Szene. Eine zorn'ge Träne
trug zur Veränderung der Situation
leider nur wenig bei; da ich mich schonend wähne,
ich mein Gedicht nicht in die Länge dehne.

IM FRIEDHOF

In fernen, bunten Ländern,
bei glänzenden Gewändern
hat er sich aufgehalten, und nun steht er hier
in Friedhofs blümlicher und grüner Zier.
Was hat er in den vielen Jahren
Geschichtenhaftes nicht erfahren
mit pfauenhaft geschmückten Damen,
die ihm verführerisch entgegenkamen?
Gekleidet ist er in ein helles Grau,
still ist der Totenhof, der Himmel blau.
Vor seiner Frau Gemahlin Grab

zieht er ergriffen seinen Hut nun ab.
Wird er von neu'm die Keckheit finden,
sich an des Lebens Reiz zu binden?
Ein Vöglein zwitschert, und ein Wölkchen
lächelt herab auf das zerstreute Völkchen,
das man die Menschheit nennt.
In seiner Seele Tempel brennt
ein heiliges Empfinden.

KENNST DU SIE?

Hast du die Dame mit den langen
Handschuhen schon gesehn?
Was du mit Eifer angefangen,
blieb plötzlich stehn.

Aussicht umlachte dich,
die mit der Zeit mit bangen
Gebärden dir entwich.
Hast du sie je einmal empfangen?

An mir zu hangen,
fiel ihrer Laune früh schon ein.
Indessen Helligkeiten dich umdrangen,
ließ sie mich düster sein.

So lang es Menschen gibt,
die in die Höh' sich schwangen,
ist sie, die man nicht liebt,
nie ganz von ihnen weggegangen.

DIE ZEITUNG

An meine Zukunft denkend und Verluste
in kühlabwägender Vernunft verwindend,
schaute ich von der Höhe aus, auf der ich stand,
aufs glatte Wasser eines Sees hinunter,
auf dem sich Schwäne frauenhaft bewegten,
als handle sich's um eine holde Festlichkeit.
Zierlich gefärbte Kähne glitten hin und her,
und das Gebirge badete sich in dem Spiegel,
wie die Begeistrung eines Menschen sich in Lebens
Erfahrung wohlgefällt und eine Seele
in feinen Leides Reiz sich schüttelt. Als ich später,
während aus Bäumen sich der Zweige Flüstern
bemerkbar machte, von dem Hügel abwärtsging,
entfaltete ich eine Zeitung.

NEUE WEGE

Neue Wege
stellen sich, wenn ich mich rege,
an mir putze und fege,
ich sie gar nicht haben mag,
mich begnüge, was mir der Tag
gibt und gönnt, wie Sonnenschein,
den man muß machen lassen,
nicht binden will und fassen,
von selber ein.

TRAUM

Ich ging durch einen schmalen Gang,
wobei ich bang mit meinem Herzen rang,
ich sah zu eigenart'ger Stunde
ein Rudel eleganter Hunde;
von feinen Leuten sah ich mich hernach
umgeben, später nahm mich ein Gemach
gleichsam in seine Arm' für immer auf,
seltsam schien mir des Lebens Lauf
zu sein, an obgenannten Hunden
freut' ich mich herzlich-unumwunden.
Die sich im steilen Gang mir nahten,
verblüffend menschenfreundlich taten,
das Comptoir war ein hübscher Raum,
nirgends erblickt' ich einen Baum.
Von ungeahnter Zierlichkeit
schien mir zu sein, was ich erlebte,
im Traum war alles eng und weit,
das Herz, vor dem ich bebte,
die Wunderwelt, durch die ich schwebte.

DIE BÄUME (II)

Nachts hat man manchmal schlimme Träume,
doch man vergißt sie alle.
Am Tag schenkt man dem hellen Vogelschalle
Aufmerksamkeit, und dann sind ja die Bäume
vorhanden, um uns zu erquicken,
ermuntert auf sie hinzublicken.

DAS SCHLOSS

Ich steh' vor einem alten Schloß,
worin vielleicht einst Blut schon floß,
die Blätter an des Parkes Bäumen
scheinen vom Vorkommnis zu träumen,
wovon kein Mensch mehr etwas wissen kann.
Noch lange steht man dann
so da, als wäre man
zurückversetzt in früh're Zeiten,
säh' Herrn und Damen bunt vorüberreiten.

ICH LAG IM BETT

Ich lag im Bett als ein verlassnes Kind.
Anderswo mochte sich ein Musikant
durch Zither- oder Mandolinenvortrag
beliebt zu machen suchen bei der Herrin,
die im Palast beim Abendessen saß.
«O, Holde, sei mir gut!» Mit solchen Worten
mocht' er sie angesungen haben. Grüne,
graziös gelegne Schluchten waren jetzt
mit lieblichem Geplätscher und Gezwitscher
wie eine Bühnendekoration verziert.
Bei mir war's still. Wie es mir schien, besuchten
mich ein'ge liebenswürd'ge Leute, die mich
lächelnd betrachteten, und die mich fragten,
wie's mir in der Verlassenheit gefalle.
Ich schwieg. Einer der Herren, die gekommen
waren, war seltsam mißgestimmt. Beklagte
ich ihn? Ich weiß es nicht. Figuren

umstanden mich auf jeden Fall. Das Zimmer
und seine Zierlichkeit vergess' ich nimmer.
Sie waren alle scheinbar sehr erbaut
von meinem fröhlichen, geduld'gen Liegen,
bis auf den einen,
der nicht mit mir zufrieden konnte scheinen.

EINST WAR ER LUSTIG

Eh'dem war er ein Lust'ger, der sich Kleider
kauft', reichliche und elegant', ein Stöckchen
in Händen zum Beweis, daß er fidel sei,
schwang. Plötzlich war er arm, will sagen, krank
und lag in seines Freundes Zimmer, dieses
Zimmer gehörte einem Landgut an, das Landgut
lag an und für sich in der nett'sten Gegend,
und der besagte Freund war Herr davon.
«Leichtsinn'ger, nimmst du Abschied schon?»
sprach er mit einer schönen Geste des Bedauerns,
er sucht' im Felde einen Strauß von Blumen,
er hatte glücklich sich mit einem jungen, hübschen
Mädchen vermählt und lächelte den ganzen
Tag vor Vergnügtheit. Mücken tanzen
und Bienen summen und die Pferde wiehern,
und der gesamte Landwirtsapparat
machte mit Bäumen, Kühen, Hühnern Staat.
Er sprach zum Freund: «Ich weiß dir keinen Rat.»
Der Kranke ihn noch um Verzeihung bat,
unsäglich liebenswürdig er dies tat.
Ins Krankenzimmer drangen Töne, Düfte,
ländliche Lüfte.

DIE ZEIT

Nicht einmal Zeit zu einer kleinen Klage
gewähren mir die hurtiggehnden Tage.
Kaum ist man aus dem Bette aufgestanden,
sich hinzuziehn die Stunden Anlaß fanden.
Wie geht die Zeit behend vorbei,
als wenn sie früher scheu gewesen sei,
verpflichtet, achtungsvoll zu zagen,
nun aber dürf' sie ungehindert fortzujagen wagen.

EINST UND JETZT

Nun stehen sie so da,
umzittert vom Verzagen,
nichts können sie mehr wagen,
Verwundertheit liegt nah.

Einer drückt an die Lippen,
was ihm die Freundin schrieb,
die andern sehn ihn nippen
an was ihm übrig blieb.

Die Dämmerung im Zimmer,
die Ruhe rings umher
erinnerten die Schwimmer
ans früh're, frohe Meer.

Nur allzu munter hatten
sie sich vielleicht bewegt,
nun sind sie hingelegt,
bewegen sich wie Schatten.

DIE DAME AM KLAVIER

Auf göttlich-schöne
Art spielte ich gestern im Traum
Klavier.
Wie Blätter von einem Baum
flogen die Töne,
reizender Begeistertheiten Söhne,
himmlisch umher,
bald leicht, bald schwer.
Um mich ist's leer,
seit du entschwandest, Licht meiner Seele.
Weißt du es nicht,
wie ich um dich, Augenlicht,
an dem ich mich innerlich so innig weide,
nun leide?
Beeile, verkleide
dich und besuche mich, schnell, schnell, da ich kaum
mehr das Leere der Lage,
in der ich schwebe, die ich beklage,
länger ertrage.
Du schmeichelnder Verscheucher meiner Ruh',
o, schließ dein Ohr vor dem, was ich dir hier
lispelnden Munds zu sagen wage,
nicht zu.
Warum bist du so stumm?
Warum, warum
komm' ich zu solcher Frage?

DAS RACHESONETT

Er lag in seinem Bett unsäglich trocken,
als wäre er ein geiziger Patron.
Er hatte ihr ermordet ihren Sohn,
der Atem, dies zu denken, will mir stocken.

Sogar die Frechheit noch besaß er, Locken
zu tragen. «Nun erhältst du deinen Lohn»
war ihrem Rächerinnenmund entflohn.
Sie stand jetzt auf den unhörbarsten Socken

da, und von irgendwo vernahm man Glocken.
Für sie nur existierte dieser Ton,
und in die Welt hinunter fielen Flocken.

Er schlief ununterbrochen, unerschrocken.
Nichts merkte er vom schauerlichen Hohn,
worin sie aussah wie ein saurer Mocken.

DELACROIX

Die Schlanke mit der tadellosen Taille
hob hoch in ihrer linken Hand das Zeichen
ihres Erfolgs; vor ihrem faltenreichen
Gewande lag am Boden die Canaille,
womit ich eine Lebenslust'ge meine,
die um Erbarmen flehte, daß die Steine
der Halle, wo die Szene vor sich ging,
vor Mitleid weinten. Wessen unterfing
sich die in diesem Augenblick Geknickte,

daß es in solche Lage sie verstrickte?
In ihrem Liebsten schien kein Fünkchen Leben
vorhanden mehr zu sein; hoffnungslos neben
ihm lag sie, der nun keinen Mucks mehr machte.
Keins von den dreien im Momente lachte,
sie nicht, die mit dem Kreuze hoch gebot,
die andre nicht, die um ein Stückchen Brot
bat, und der Recke nicht, denn er war tot.

DER UNBEGRIFFENE

Wie das zusammenhing,
so seltsam zuging.
Niemand kennt die Liebe.
Läge ich im braunen
Wald, dann käm' das Staunen
wieder wie ein Wunder über mich.
Ich ließ sie nicht im Stich,
auch sie mir nicht entwich,
sie und ich
hatten es bloß gedacht,
es uns eingebildet
und sind verwildet,
waldhaft verworren worden.
Doch führen ja Wege
aus diesem Gehege;
o, wenn ich wieder im stillen Walde läge,
aber wo bliebe,
und was triebe
die Vereinsamte dann,
die nicht lachen kann,

weshalb ich sie nicht mehr sehen mochte.
Wie sind wir alle
unter der Kralle
des hilflosen Bösen,
den keiner aus den Horden
seiner Leiden mag erlösen.

DAS LEBEN

Nicht nur zuweilen auf das Dichten
man hübsch und artig muß verzichten;
noch viel wicht'gere Dinge
gehn fort. Die teuersten Gestalten
vermagst du nicht am Zipfelchen zu halten,
bis endlich auch sogar das Leben,
als ob ein Vöglein in die Höh' sich schwinge,
und ob man noch so kräftig ringe,
man willig hin muß geben.

ANHANG

Dichtung

Ich fahre mit der Hand
mir sachte übers Herz,
mit roter glühnder Hand.
Ein Saitenspiel ist mein Schmerz.

Viel Leute hören zu.
Es klingt so tief, so weh.
Es lockt die tönende Ruh
sie alle in die Näh.

Und wie ist doch die Welt
auf einmal wunderschön.
Wie ist auf einmal die Welt
ein einzig Saitengetön.

Träumchen

Ich hörte reden eine
gedämpfte sanfte Stimme
so herzgedehnt zu mir,
so schön, daß ich nun weine.

Auf und ab

Die Erde regt sich sehnend auf.
Der Himmel läßt sich sehnend herab.
Ich wanderte schnell den Berg hinauf,
wie schnell und bald muß ich hinab.
Viel Wege huschen den Berg hinauf
und auf der andern Seite hinab.
Die Berge selber begehren hinauf,

doch immer fallen sie wieder hinab.
Wie strebt mein Blick zur Höhe hinauf
und von dem hohen Standpunkt ab.
Ich sehne meinen Drang herauf
und wünsche gleich ihn wieder hinab.
Der Himmel ging zu hoch hinauf.
Die Erde ließ sich zu sehr herab.

Welt (II)

Ein feines Räuchlein steigt
und ist ein Räuchlein nur.
Ein Bäumlein steht und harrt
und ist ein Bäumlein nur.
Ein Wieslein platzt heraus
und ist ein Wieslein nur.
Ein Häuschen klebt daran
und ist ein Häuschen nur.
Die Wolken ziehen weit
und sind doch Wolken nur.
Der Himmel ist so schön
und ist doch Himmel nur.
Die ganze Welt ist viel
und ist doch wenig nur.
Mir scheint sie klein und groß,
mir ist sie ohne Spur.

GESTRICHENE SPÄTE GEDICHTE

Seine Gedichte

Er dachte hie und da an die «Allee»,
die er als Junger einst gedichtet hatte.
Falls ich ihn ein'germaßen richtig seh,
war er vielleicht etwas nervös als Gatte,
das Hagre liebt er feur'ger als das Satte,
dermaßen stell ich mir sein Wesen vor.
Manch Liebes er im Lauf der Zeit verlor.
Mitglied gebildeter Vereinigungen,
von Artigkeiten, Ruhm, Erfolg umklungen,
dachte er bei der grandigen Geschichte
gewiß am liebsten an das Buch Gedichte,
das er einst schrieb mit glücklichem Gesichte.

Auf einem Hügel

Wenn ich auf milder Höhe steh,
erblick ich unten einen See,
auf dem sich schöne Schwäne
ergötzen, hübschgefärbte Kähne
hinziehen. Wassers ausgespannte Seide!
Welch eine frohe Augenweide
bildet nicht solcher Aussicht Reiz!
Doch Abend wird's bereits,
Bäume beginnen mit den Zweigen
zu flüstern, im Heruntersteigen
vom Hügel ich womöglich dann
Gelegenheit erhalten kann,
vor einer Frau mich zu verneigen.

So geht es

Das ist ja die Verlegenheit,
man klagt: Der Bursch wird lang und breit,
er mag nicht fröhl'che Witz' mehr machen,
damit man über ihn kann lachen.

Ja, das ist die Verlegenheit,
es mangelt an Kurzweiligkeit,
der Bursch beschäftigt sich mit fernsten
Dingen und zählt sich zu den Ernsten.

Er ist nicht in Verlegenheit
bezüglich der Langweiligkeit,
statt daß er noch ein Lust'ger wäre,
ringt er mit einer schweren Zähre.

Frühling (III)

Nun tüpfelt, knöspelt es schon wieder,
man könnte sentimentalistisch werden
bei solchem wonn'gen Blühn auf Erden,
aus Vögleinkehlen tönen Jubellieder,
die Wiesen ähneln einem Samtgewand,
man möchte durch das bunte, lust'ge Land
hinwandern, doch das noch viel Schön're ist,
wenn du beruhigt und befriedet bist.
Mit welcher Oberfläche
ich hier von Frühlings holdem Wesen spreche!

Frühling (IV)

Die schönen grünen Gräselein
wollen nun wieder sichtbar sein.
Lang haben auf sich warten lassen
die Blümlein, die man zart kann fassen.

Du streichelst sie mit deiner Hand,
schaust freundlich in das blühnde Land.
Die weite Luft ist nicht mehr leer,
ein Singen dringt nun aus ihr her.
Lang hat man ängstlich müssen frieren,
jetzt kann im Freien man spazieren.
Zu allem Schönen der Natur
spricht man ein Ja und lächelt nur.
Was kann man tun, als ob den neuen
Gedeihlichkeiten sich zu freuen?

Sie wurde wieder hübsch

Gebrochen hatte sie mit mir, nun sah sie
mich wieder. Wie verprügelt vom Bewußtsein,
daß sie die Bess're, Schicklichere sei,
sah sie mir gegenüber aus, befangen,
seelisch geknebelt, umgeworfen vom
verwirrenden Erhabenheitsgefühl,
traurig gemacht durch Überlegenheit,
an die sie sich nur schwer gewöhnen
zu können schien. Nachdem sie nun mit mir
gesprochen hatte,
nahm sie Gesichtszüg' an, wie sie sie früher
besaß, als sie noch heiter an mich glaubte.
Die gute Meinung ist's, die uns beglückt,
hübsch sehn wir aus, wenn uns etwas entzückt.

NACHWORT

Am 8. Mai 1898 erschienen im Sonntagsblatt der Berner Tageszeitung «Der Bund» sechs kurze Gedichte, ohne Verfassernamen, dafür mit einer von Josef Viktor Widmann, dem literarischen Redakteur, geschriebenen Einleitung und der Gesamtüberschrift «Lyrische Erstlinge». Sie waren, soviel bekannt ist, in der Tat die erste Publikation des zwanzigjährigen, als Commis in Zürich tätigen Robert Walser. Widmann, der angesehenste damalige Literaturkritiker der Schweiz, hatte sie aus etwa vierzig ihm unterbreiteten Gedichten ausgewählt. In der Einleitung erklärte er sich «ungemein angezogen durch wirklich neue Töne» in diesen Gedichten und bezeugte, neben mildem Hinweis auf einzelne stilistische Mängel, seine «Achtung vor einer Naturbegabung, die trotz allen Hindernissen meistens mit Sicherheit für die wahre und ungewöhnliche Empfindung auch das wahre und ungewöhnliche Wort zu finden wußte».

Über die Entstehung seiner frühen Verse hat Robert Walser hauptsächlich in den Prosastücken «Das erste Gedicht» und «Die Gedichte (II)» (SW Bd. 16, S. 252, bzw. 254) Auskunft gegeben. «Wie ich zum Dichten kam», heißt es im zweitgenannten, «weiß ich selber nicht recht. Ich las Gedichte, und da fiel mir ein, selbst welche zu schreiben. Das gab sich, wie sich sonst etwas gibt. Ich habe mich oft gefragt, wie es anfing. Nun, es fing bei einem Zipfelchen an und nahm mich fort. Kaum wußte ich, was ich tat. Ich dichtete aus einem Gemisch von hellgoldenen Aussichten und ängstlicher Aussichtslosigkeit, war immer halb in Angst, halb in einem beinah übersprudelnden Frohlocken.» Einem in der dritten Person abgefaßten, im Zürcher «Lesezirkel», November 1920, veröffentlichten «Lebenslauf» (SW Bd. 20, S. 433) ist zu entnehmen, Walser habe in Zürich Gedichte geschrieben, «wobei zu sagen ist, daß er dies nicht nebenbei tat, sondern sich zu diesem Zwecke jedesmal zuerst stellenlos machte, was offenbar im Glauben geschah, die Kunst sei etwas Großes».

In Zürich begegnete Walser im Sommer 1898 seinem zweiten namhaften Förderer, dem aus Wien stammenden Franz Blei, den die im «Bund» erschienenen Verse auf ihn aufmerksam gemacht hatten. Walsers Prosastück «Doktor Franz Blei» (SW Bd. 5, S. 212) macht deutlich, mit welch entdeckerfreudigem Interesse der weltmännische Kritiker und Essayist auf ihn einging. Von den ihm vorgelegten Versen schrieb Blei später: «Es waren wirkliche und richtige Gedichte von innen her. Nirgends dirigierte der Reim den Sinn. Keines der Gedichte war über eine Melodie moduliert, der das Ohr nachgibt. Es wurde nicht Poesie der Musik, Sprache dem Rhythmus, Wort dem Melos geopfert. Nichts wurde angerührt, was über das Erfahrungspotential des Siebzehnjährigen hinausging. Mit einer gewissen schweizerischen Eigensinnigkeit blieb dieser junge Poet im Umkreis seines Lebens, hatte auch vor dem Mittelbaren nicht Angst, es mitzuteilen . . .» («Zeitgenossen», in «Der kleine Bund» vom 10. Oktober 1937)

Blei, der Walser mit Goethe als Lyriker bekanntmachte und ihn auf Lenz, Büchner und Brentano hinwies, täuschte sich offenbar im Alter des jungen Dichters bzw. datierte die Entstehung seiner Gedichte viel zu weit zurück: spricht er hier von einem Siebzehnjährigen (dem entspricht auch die Jahreszahl «1895«, die er 1913 dem Abdruck von Walsers Gedicht «Jesus und die Armen», einer Fassung von «Weinenden Herzens», in seiner Zeitschrift «Der Lose Vogel» beigibt), so ist bei ihm an anderer Stelle sogar von 1893 und 1894 als Entstehungszeit die Rede – damals wäre Walser erst fünfzehn oder sechzehn Jahre alt gewesen, lebte noch in seinem Elternhaus in Biel und war Lehrling bei der dortigen Kantonalbank. Tatsächlich sind seine ersten nachweisbaren Gedichte aber erst 1897 entstanden, und es waren dies wohl noch nicht die von Widmann im «Bund» abgedruckten oder die Blei in einem Schulheft vorgelegten.

Die frühesten wiederaufgefundenen Verse des neunzehnjährigen Robert Walser (vgl. «Zukunft!» und das Albumblatt «Meiner lieben Fanny!» in der Nachlese zur frühen Lyrik) geben eine Vorstellung von den noch wenig originellen, pathetisch-begeisterten lyrischen Vorläufern dieser Phase. Auf sie muß zwischen Herbst 1897 und Frühjahr 1898, vielleicht mit Krisen und Erschütterungen einhergehend, ein Umbruch gefolgt sein. Der junge Dichter besinnt sich darauf, daß ihn das wortreiche Verströmen von Gefühlen und Gedanken, die geläufige Verknüpfung aufgelesener Formeln und Gemeinplätze nicht an ein Ziel bringen. Er hat anderes zu sagen und findet, indem er sich auf sein ganz Eigenes zurückwendet, auch die Mittel dazu. Vielleicht ist, wie er es später in «Das erste Gedicht» beschrieben hat, «Ein Landschäftchen» (S. 20) tatsächlich der Beginn in diesem neuen Sinn; jedenfalls gehörte dieses Winterbild zu den im Mai 1898 gedruckten «lyrischen Erstlingen».

J. V. Widmann erwähnte bei ihrer Veröffentlichung ein Heft mit etwa 40 Gedichten. Franz Blei erhielt bei zwei Besuchen, die Walser ihm im Sommer 1898 in Zürich abstattete, eine unbekannte Zahl von Gedichthandschriften von ihm und im Frühjahr 1899 nochmals ein Heft mit 20 Gedichten («eines schöner als das andere», wie er an Otto Julius Bierbaum schrieb). Im Nachlaß von Robert Walsers jüngster Schwester Fanny fand sich 1972 ein Heft mit dem Titel «Drittes Buch. Saite und Sehnsucht», in das Walser 50 Gedichte eingeschrieben hatte, der Handschrift nach am ehesten (1899/)1900. Dies deutet auf eine außerordentlich fruchtbare lyrische Produktion in dieser Zeit, von der möglicherweise größere Teile verloren sind (es läßt sich nicht rekonstruieren, in welchem chronologischen Verhältnis die verschiedenen «Hefte» bzw. «Bücher» zueinander gestanden haben, inwieweit sich ihr Inhalt auch vielleicht überschnitt; sicher sind auch einzelne Handschriften, die Walser hier- und dorthin als Mitteilung oder zum Abdruck einsandte, verlorengegangen; andere Gedichte hat er vermutlich selbst später verworfen). Zu vermuten ist, daß zumindest einige, wenn nicht die meisten der bis 1913 noch hier und dort zum Abdruck gekommenen Gedichte auf die Jahre 1898-1900 zurückgehen.

Wahrscheinlich durch Vermittlung Bleis kam Walser in Kontakt mit den Gründern und Herausgebern der Münchner Zeitschrift «Die Insel», Otto Julius Bierbaum, Alfred Walter Heymel und Rudolf Alexander Schröder. Daß er in den drei Jahrgängen dieses anspruchsvollen Organs eine Anzahl Gedichte und Prosastücke sowie vier dramatische Arbeiten veröffentlichen konnte, mag ihn im Bewußtsein der dichterischen Sendung bestärkt haben. Der von Heymel gegründete Insel-Verlag in Leipzig brachte 1904 das erste Buch Robert Walsers, «Fritz Kocher's Aufsätze», heraus. Aber die über mehrere Jahre sich hinschleppenden Verhandlungen über einen Gedicht- und einen Dramenband verliefen ergebnislos. Heymel hätte gern mehr für Walser getan, doch scheint Anton Kippenberg, seit 1905 Verlagsleiter, den Schweizer weniger hoch eingeschätzt zu haben. Außer der «Insel» (der Zeitschrift) brachten die «Wiener Rundschau», die von Franz Blei herausgegebene Zeitschrift «Die Opale», die Basler Wochenschrift «Der Samstag», die Berliner

«Schaubühne» und Julius Zeitlers «Deutscher Almanach auf das Jahr 1907» Gedichte von ihm. 1905/06 in Berlin ansässig geworden, widmete er sich in den folgenden Jahren fast ausschließlich der Prosadichtung. Erst nachdem Bruno Cassirer zwei Romane Walsers verlegt hatte, entschloß er sich zur Herausgabe einer Sammlung Gedichte. Sie erschienen, «womöglich etwas zu pompös», wie der Dichter selber nachmals meinte, 1909 als blauer Quartband, 38 Seiten stark, geschmückt mit 16 feinen Radierungen Karl Walsers, des Bruders, in 300 Exemplaren auf echtem Bütten. Der Subskriptionspreis war auf 30 Mark angesetzt.

Eine liebe- und respektvolle Besprechung brachte Widmann in seinem Sonntagsblatt vom 21. März 1909 – nicht ohne die «gar vornehme Prachtkutsche», in der die Musenkinder des einstigen Schützlings angefahren kamen, beiläufig zu belächeln. Nach seiner Feststellung waren es mit wenigen Ausnahmen die gleichen Gedichte, aus denen er, Widmann, einst die Auswahl von 1898 getroffen hatte. Der Band enthält aber zugleich die Mehrzahl der inzwischen in anderen Organen erschienenen Gedichte – er stellt also eine Auslese aus Walsers zumindest überwiegend schon zehn Jahre zuvor entstandenen frühen Lyrik dar, bei der der Autor diejenigen Verse bevorzugte, die bereits durch eine Veröffentlichung beglaubigt waren. – Otto Julius Bierbaum zeigte die Ausgabe am 11. April 1909 in der Wiener «Zeit» an und bezeugte dabei die keineswegs einhellig freundliche Aufnahme, die Walsers erste Gedichtveröffentlichungen gefunden hatten: «Wenn ich hier (mit nur wenigen Worten, denn was ist viel zu sagen, wenn man bewundert?) auf diese Auswahl Walserscher Gedichte hinweise, so darf ich wohl daran erinnern, daß Walser zu den Dichtern gehörte, deren Arbeiten mit dazu beigetragen haben, daß ‹man› seinerzeit sich dahin einigte, die ‹Insel› nicht ganz ernst zu nehmen. Eines seiner Gedichte hat damals sogar den Weg durch die deutsche Presse gefunden: als Symptom modernen Blödsinns . . . Heute liegt vielleicht die Gefahr näher, daß der Lyriker Walser zum Gegenstande snobistischer Verzückung wird.» Bierbaum rühmt Walsers Eigenart, die «völlig echt» sei: «Wir besitzen keinen lyrischen Dichter heute (nur Dauthendey etwa ausgenommen), der so ganz von Grund aus unmittelbar Poet wäre wie er und dabei ein so sicherer (nachtwandlerisch sicherer) Künstler des Wortes.» Der Rezensent behauptet schließlich eine Wesensverwandtschaft und Kongenialität Walsers mit Paul Verlaine. – Von diesen beiden Hinweisen abgesehen scheint die verspätete Herausgabe der Gedichte in der teuren Kleinauflage kaum Beachtung gefunden zu haben. Walsers eigener Ton, so unverkennbar er in ihnen ist, konnte in seiner unaufdringlichen Feinheit nicht als sensationelles Novum wirken.

Aus dem Jahrzehnt 1908 bis 1918 sind nur zwei Erstdrucke von Gedichten bekannt, die von Max Brod in sein Jahrbuch «Arkadia» (1913) aufgenommene «Handharfe am Tag» und das Motto zu «Kleine Dichtungen» (1914), beide dem Stil nach den frühen Gedichten zugehörig. Was der Dichter in den acht Bieler Jahren, 1913 bis 1920, an Lyrismus zu bieten hatte, floß hauptsächlich in seine damalige, großenteils vom Naturerlebnis kündende Prosadichtung ein.

1919 veranstaltete Bruno Cassirer eine zweite, wohlfeilere Auflage der «Gedichte». Der Erfolg war – in der Unruhe der Nachkriegszeit, in der lauten Nachbarschaft des literarischen Expressionismus – kaum größer als der der ersten. Im Berner «Bund» meinte Otto von Greyerz die gleichen Verse, die der 1911 verstorbene Widmann einst gerühmt hatte, als schlappmachende Dekadenzdichtung abtun zu sollen. Eine Art Rehabilitation war Hans Bethges Aufsatz «Die Brüder Walser», der im Spätherbst 1920 im «Kleinen Bund», der literarischen Beilage der Tageszeitung, erschien. «Wir blicken», schreibt Bethge über Walsers Verse, «in eine holde, ganz nach innen gewendete und nicht selten fein ironische Lyrik, die etwas Bestrickendes hat. Ja, diese zarten und zärtlichen Gedichte haben die innere Form und das inwendige lyrische Glänzen.«

Ungefähr beim Erscheinen dieser Neuauflage begann eine kurze, aber eigentümliche zweite lyrische Periode. Die in den Jahren 1919 und 1920 publizierten und wohl auch in dieser Zeit entstandenen Gedichte unterscheiden sich von den früheren wesentlich: sie sind verhältnismäßig lang, durchwegs reimlos und haben, wie die Mehrzahl der späten Gedichte, eine plauderhaft schildernde oder erörternde, von gewöhnlicher Prosa nur durch das Metrum verschiedene Sprache, wofür «Mäuschen» und «Schmollen» die bezeichnendsten Beispiele sind. Die der Bieler Prosa eigene Gelassenheit und Einfachheit sind in ihnen noch ausgeprägter. Von den typischen Gedichten der dritten Periode wiederum unterscheiden sie sich durch den Mangel an schwieriger individueller Problematik und verschlüsselter Symbolik.

«Ich schrieb, als ich zwanzig Jahre zählte, Verse, und im Alter von achtundvierzig Jahren fing ich mit einmal von neuem Gedichte zu schreiben an», berichtet Walser in dem Prosastück «Meine Bemühungen» (SW Bd. 20, S. 427) und betont damit die Diskontinuität seines lyrischen Schaffens. Wörtlich zu nehmen ist die Angabe indessen nicht, denn sie unterschlägt nicht nur die – wenigen – Gedichte aus der Berliner und Bieler Zeit, sondern scheint auch den Ansatz der späteren, Berner lyrischen Produktion auf das Jahr 1926 zu datieren. Tatsächlich erschienen aber schon 1925 wieder Gedichte von Robert Walser an verschiedenen Orten, und die von Bernhard Echte und Werner Morlang bearbeiteten «Mikrogramme», d. h. Entwurfsmanuskripte im Nachlaß enthalten schon ab Spätsommer 1924 Gedichte. Anfang 1921 war Robert Walser aus Biel, wo er fast acht Jahre lang sehr einsiedlerisch gelebt hatte, nach Bern gekommen, um als Zweiundvierzigjähriger noch einmal eine Anstellung aufzunehmen. Seine Tätigkeit als Bibliothekar am Berner Staatsarchiv währte jedoch nur kurz. Zwei kleine Erbschaften befreiten ihn für einige Zeit aus unmittelbarer Existenznot, und seine literarische Produktion blieb bis Anfang 1924 auffällig gering, soweit wir sie heute übersehen (allerdings entstand 1921 der bis auf Bruchstücke verlorene kleine Roman «Theodor»). 1924 begann dann, u. a. mit jenen Prosastücken, die in den 1925 erschienenen Band «Die Rose», Walsers letzte Buchveröffentlichung, eingingen, eine über drei Jahre anhaltende ganz außergewöhnlich produktive Phase. In ihr bildete er seinen Spätstil aus, in dem er Bericht, Erzählung und Essay oft spielerisch mischt und die verschiedensten Motive, Chiffren und Reflexionen kombiniert: seine Texte werden zu experimentierenden Sprachfeldern, in denen sich vielerlei Trivialzitate und höchst Originales begegnen und von denen nicht selten eine groteske Wirkung ausgeht.

Parallel zu diesem täglich fließenden Strom der Prosastücke begannen nun auch wieder Gedichte zu entstehen, wobei man auch an einen biographischen Auslöser denken mag: jenes nicht näher aufgeklärte, aber jedenfalls intensiv erfahrene und lange nachwirkende Liebeserlebnis, von dem die zahlreichen «Edith»-Texte (vgl. «Die Rose», SW Bd. 8, und «Wenn Schwache sich für stark halten», SW Bd. 17) sowie der «Räuber»-Roman (SW Bd. 12) zeugen. Eine Reihe von Gedichten (besonders unter den zurückgehaltenen Entwürfen) reflektiert in wechselnden Brechungen ebenfalls diese platonischpetrarcische Beziehung; daneben aber werden nun die mannigfaltigsten Gegenstände des Alltags- und Naturerlebens, gesellschaftliche, literarische und historische Motive und vor allem immer wieder Momente der Selbstreflexion zu Kondensationskernen von Versen und Strophen. Bis zum Juni 1933, als mit seiner Verbringung nach Herisau Walsers literarische Arbeit überhaupt abbrach, hörte er mit dem Gedichteschreiben nicht mehr auf, soviel wir wissen – während des dreieinhalbjährigen Aufenthalts in der bernischen Heilanstalt Waldau, die er Januar 1929 in der Folge einer schweren seelischen Krise aufgesucht hatte, schrieb er nach eigener Aussage wie nach dem Befund der nachgelassenen Manuskripte zeitweilig sogar mehr Gedichte als Prosa. (In einem Brief vom 23. Dezember 1929 an seine Freundin Frieda Mermet heißt es z. B.: «Unter anderem schrieb ich eine Art Tagebuch in Form von einzelnen, voneinander total unabhängigen Gedichten», und am 10. Juni 1930 teilt er Therese Breitbach mit: «Über hundert neue Gedichte sind mir hier nach und nach entstanden.») So haben wir bei Robert Walser den seltenen Fall einer lyrischen Spätblüte nach jahrzehntelangem fast ausschließlichem Prosaschaffen.

Bei dem Wort «lyrisch» denkt man freilich an gehobene, ungewöhnliche Gefühlslage und Sprache. Die meisten späten Gedichte Robert Walsers könnte man danach kaum als Lyrik bezeichnen. Franz Bleis Bemerkung über den Widerstand gegen das Melos trifft für sie noch mehr zu als für die frühen. Sie sind häufig nichts als mit den äußeren Merkmalen der Verskunst ausgestattete, sehr kurze Walsersche Prosastücke. (Tatsächlich findet sich das Prosastück «Das Bäumchen», SW Bd. 17, S. 207, im Mikrogramm-Entwurf im Zeilenfall eines Gedichts konzipiert – ein Beleg für die Willkürlichkeit, mit der Walser selbst die Gattungen bestimmte.) Viele sind reimlos, manche haben Verse mit metrischen Unregelmäßigkeiten. Komisch wirkende Inversionen (zum Beispiel «Ich jetzt wohl zu rein nichts mehr tauge») und den Wohllaut störende Vokalauslassungen (zum Beispiel «Dek'ration», «komm'nden») machen den Eindruck eines unbeholfen dilettantischen Dichtens. Da und dort fühlt man sich an die Verse einer Friederike Kempner und einer Mary Stirnemann-Zysset erinnert. Aber Walser kannte die geltenden Maßstäbe. Wäre nicht auch die tatsächliche Abnahme der dichterischen Spannkraft in Rechnung zu stellen, so müßte man vermuten, er habe mit voller Absicht etwas diametral Gegensätzliches zur hochverfeinerten und teilweise esoterischen Verskunst seiner Zeitgenossen George, Rilke, Hofmannsthal, Schröder und Hesse schaffen wollen. Die stark kritische und ironische Literaturbetrachtung, die wir im Werk, in den Briefen und Gesprächen (vgl. Carl Seelig «Wanderungen mit Robert Walser», Frankfurt a. M. 1977) antreffen, macht es jedenfalls wahrscheinlich, daß das Motiv eines Gegenzuges zum «Bedeutenden» und «Formvollendeten» mit im Spiel war. Indessen finden sich zwischen Banalitäten und Bizarrerien immer wieder poetische Schönheiten und lichtvolle Aperçus, Werte, die dem wirklichen Dilettantismus abgehen, und dazu ein zuweilen hintersinniger, aber jedenfalls sehr origineller Witz. Sowenig man gewisse provokante, vielleicht sogar befremdliche Züge an seiner späten Prosa einfach als pathologisch bedingt abtun kann, sowenig sollten wir den Lyriker Walser, nur weil er uns hier und da in Verlegenheit versetzt, psychologisierend ins Abseits drängen. Art, Ursache und Umstände jener krisenhaften seelischen Verfassung, die seinen späteren Anstaltsaufenthalt veranlaßten, sind viel zu wenig geklärt, als daß man hier – und gar noch in Hinblick auf frühere Schaffenszeiten – in bestimmtem Sinn von einer Krankheit sprechen könnte.

Daß sich Walser über seine Dichtweise Gedanken machte und daß sie in der Richtung des Angedeuteten liefen, belegt sein Brief an Max Rychner vom 18. März 1926, wo er unter anderem schreibt: «Ich fand die Frage Kerrs, ob zur Gedichtfabrikation ein Grad von Verblödung erwünscht sei, bemerkenswert . . . Im Begriff Blödsein liegt eben etwas Strahlendschönes und -gutes, etwas unsäglich Feinwertiges, etwas, das gerade die Intelligentesten sehnsüchtig gesucht haben und fernerhin sich zu eigen zu machen versuchen . . . In der Dichtkunst aller Schattierung ist der Intellektualismus ‹nur› der Diener, und derjenige Dichter dichtet am besten, dem dieser Diener am besten, das heißt so gehorcht, wie es der Bildende, Schaffende braucht, und die Kerr'sche Frage bezüglich der Blödsinnigkeit ist nach der Brauchbarkeit, Geschmeidigkeit jenes Dieners hin zu übersetzen . . . Das Gedicht entspringt aus der Lust des Intellektbesitzers, auf eine große Portion hievon zu verzichten.» Waren schon seine Prosastücke Spontankreationen, «aus Wissen und Unbewußtheit», wie es einmal heißt, in einem Wurf konzipiert, so mußte das Gedicht für Walser erst recht die zugefallene Frucht eines schöpferischen

Sichgehenlassens sein, dem Reim und Metrum eher äußerliche Vehikel sind. Im Hinblick auf die idyllisierend «einfachen» Gedichte ist ferner eines Ausspruchs im Gespräch mit Seelig zu gedenken: «Wenn ich nochmals von vorn beginnen könnte, würde ich mich bemühen, das Subjektive konsequent auszuschalten und so zu schreiben, daß es dem Volk wohltut.» (Seelig, «Wanderungen mit Robert Walser», 1977, S. 78)

Walsers wirtschaftliche Lage in den Berner Jahren hätte ihn zu der geschilderten Produktion nicht ermuntern können, zumal dann nicht, als sich die Lebenskosten durch den Aufenthalt in der Heilanstalt Waldau stark erhöhten und die zeitweilige Hilfe der Geschwister nötig wurde. Es war fast ausschließlich dem Verständnis und Wohlwollen Otto Picks und Max Brods zu verdanken, daß er doch noch eine größere Zahl der Gedichte gedruckt sah und honoriert bekam. Pick brachte in der «Prager Presse» von 1925 bis 1933 mehr als achtzig, Brod im «Prager Tagblatt» von 1925 bis 1931, der Mißbilligung des Chefredakteurs die Stirn bietend, mehr als dreißig Gedichte von Walser. (Pick nahm daneben noch viele Prosastücke auf.)

In einer bibliographischen Anmerkung zu drei Gedichten Walsers, die 1925 in der zweiten Auflage einer von Albrecht Sergel herausgegebenen Anthologie («Saat und Ernte», Berlin und Leipzig o. J.) erschienen, ist von einem Bändchen «Neue Gedichte» die Rede, das im Ernst Rowohlt Verlag in Vorbereitung sei. Wenn der Vermerk nicht aus einem Mißverständnis herrührt (vielleicht hatte Walser auf den kommenden Band «Die Rose» hingewiesen, der allerdings Prosadichtung enthielt), belegt er einen überraschend frühen Buchplan nach dem Neubeginn lyrischen Schaffens; er ließ sich jedenfalls nicht realisieren. Max Brod suchte 1927 den Wiener Verlag Paul Zsolnay für die Herausgabe eines Bandes Walserscher Gedichte zu gewinnen. Walser meinte jedoch in einem Brief an Pick vom 5. Oktober 1927, «daß das gar keine Eile habe», und Zsolnay zeigte auch kein Interesse. Eine von Carl Seelig besorgte Auswahl aus dem lyrischen Spätwerk ist unter dem Titel «Unbekannte Gedichte» 1958, zwei Jahre nach dem Tod des Dichters, im Verlag Tschudy, St. Gallen, erschienen.

Der vorliegende Band enthält sämtliche heute bekannten Gedichte Robert Walsers, ausgenommen die nur in den Mikrogrammen enthaltenen Entwürfe aus der Berner Zeit (die von Bernhard Echte und

Werner Morlang in der Ausgabe «Aus dem Bleistiftgebiet», 2 Bde., Frankfurt a. M. 1985, ediert wurden, bzw. noch werden). Einige vom Autor selbst im Manuskript gestrichene Gedichte (in dem Heft «Saite und Sehnsucht» und in den nachgelassenen Handschriften) werden am Anfang des Anhangs mitgeteilt.

Der Abdruck der Sammlung «Gedichte» von 1909 folgt der zweiten, geringfügig veränderten Auflage von 1919. Sie ist an den Anfang gestellt, weil in ihr – nach dem Zeugnis J. V. Widmanns und wegen der hier enthaltenen fünf von sechs «lyrischen Erstlingen», die am 8. Mai 1898 im «Bund» erschienen – die frühesten Gedichte zu vermuten sind, wenn man von den ersten beiden Nachträgen in der Abteilung «Nachlese» absieht. Das 1972 aufgefundene Heft «Saite und Sehnsucht», das Walser «Drittes Buch» überschrieb, enthält insgesamt 50 Gedichte. Davon sind 15 Wiederholungen oder leicht variierende Fassungen von Gedichten, die auch in der Sammlung von 1909 enthalten sind oder anderswo gedruckt wurden, sie wurden daher hier ausgelassen. In die Gruppe «Nachlese» wurden «Feierabend» und zwei Albumsprüche neu aufgenommen.

Während die zwölf längeren Gedichte aus der späten Bieler Zeit von selbst eine kleine, homogene Gruppe bilden, empfahl sich für die große Zahl der Gedichte aus den Berner Jahren eine Untergliederung inhaltlich-thematischer Art. Analog der Textgruppierung in den postum zusammengestellten Prosabänden wurden hier sechs mit den Titeln der jeweiligen Eingangsgedichte überschriebene Abteilungen gebildet, die dem Leser eine Orientierungshilfe bieten mögen. Innerhalb der Gruppen wurde, soweit sich die Daten feststellen ließen, vorzugsweise nach der Entstehungszeit geordnet, bei fehlendem Anhaltspunkt für diese nach dem Druckdatum. Das Unbefriedigende dieses Vorgehens schien das kleinere Übel zu sein gegenüber der unvermeidlichen Pedanterie eines durchgehend angewandten inhalts- oder formbezogenen Ordnungsprinzips.

Die erste Gruppe, «Kann sie mich anders als glücklich wünschen», umfaßt jene Gedichte, von denen man sagen könnte, Walser habe mit ihnen den Gegenbeweis zu Otto von Greyerz' Dekadenzbefund liefern wollen: Zeugnisse dessen, was dem gewiß nicht der Illusion hörigen Dichter an Lebensfreude möglich war, insbesondere seines Erlebnisses der Natur – oder auch Zeugnisse dafür, daß er vor dem Verstummen noch bemüht war, auf seine Art «so zu schreiben, daß es dem Volke wohltut». – In diese Gruppe war mit «Weihnachts-glocken» ein Nachtrag einzureihen. – Unter dem Titel «Das Kind sinnt» folgen die Stücke vorwiegend reflektierender, positiv oder negativ wertender Art. Walser hat sich selbst gern als «Kind» gesehen, und der Titel erinnert an die gleichsam kindliche Unmittelbarkeit, die sein Denken auch bei den ernstesten Themen kennzeichnet. Als Sondergruppe sind hier die Gedichte über biblische Themen einge-fügt, Verse, in denen Walsers Freiheit vom Konventionellen beson-ders augenfällig wird. Die dritte Gruppe, «Frauen», bringt zum Teil Gedichte, die im üblichen Sinn erotische genannt werden können, aber auch solche, in denen der Dichter, hierin Carl Spitteler ver-wandt, seiner eigentlichen Herrin, der Muse, huldigt, ferner einige, in denen er mutmaßlich sich selber in weiblicher Rolle darstellt. Einem von Ironie durchwirkten geistigen Eros entstammen die unter «Literatur» vereinigten Stücke. Die Anordnung nach Druckdaten empfahl sich hier auch deshalb, weil es sich großenteils um Nachrufe oder zu Gedenk- und Geburtstagen abgefaßte Gedichte handelt. In der Gruppe «Selbstschau» hingegen ist die Anordnung nach der biographischen Reihenfolge der Inhalte durchgeführt worden, so daß beispielsweise das Erinnerungsstück «Eltern und Kinder» an den Anfang zu stehen kam. Einen großen Raum beanspruchen die resig-nierenden, abschiednehmenden Selbsterforschungen aus den Wal-dau-Jahren. Solche Stücke waren es vermutlich, die Walser in dem zitierten Brief Ende 1929 als «eine Art Tagebuch» bezeichnete. Die Deutung von Gedichten wie «Stell sie dir vor», «Der Unternehmer», «Die abenteuerliche Maus» als rollenhaft abgewandelte Selbstbild-nisse mag als Hypothese aufgenommen und überprüft werden; an-dererseits gehören wahrscheinlich noch etliche weitere Gedichte zu diesen, die vorsichtshalber anderen Gruppen zugeteilt wurden. (Zu-mal in den halb fiktiven Dichterporträts Walsers, dies gilt auch für entsprechende Prosastücke, spielt immer ein Moment der Selbstspie-gelung mit.) In der abschließenden Gruppe, «Wer darf sagen, er kenne das Dasein», sind verschiedenartige, teilweise schwer deutbare Dokumente eines fragend-offenen, zuweilen mythisch getönten Verhältnisses zu Welt und Leben zusammengestellt.

Bei der Wiedergabe von Gedichten nach Druckbelegen und Handschriften wurden veraltete Schreibweisen modernisiert und orthographische Fehler bzw. Eigenwilligkeiten Walsers beseitigt.

Auch der bei ihm sehr ausgedehnte Gebrauch des Apostrophs wurde weitgehend den Dudenregeln angepaßt; beibehalten wurden gewisse aus dem sprachrhythmischen Gefühl zu erklärende Eigenwilligkeiten der Interpunktion. Abweichungen der Drucke von den Manuskripten wurden, soweit solche vorhanden, berichtigt, wenn nicht nachträgliche Autorkorrektur anzunehmen war.

Zur Entlastung des Anmerkungsteils wurden den Gedichttiteln im Inhaltsverzeichnis außer den Erstabdrucksdaten auch die oft stark davon abweichenden mutmaßlichen Entstehungsdaten beigegeben (zum Datierungsverfahren und seiner Problematik vgl. den editorischen Bericht im Anhang von SW Bd. 20).

Diese Ausgabe basiert auf der früheren editorischen Arbeit von Robert Mächler, insbesondere in der Einrichtung der Teile mit den Bieler und den Berner Gedichten, in den Einzelanmerkungen und in großen Teilen des Nachworts. Ergänzungen und Überarbeitungen wurden mit seinem Einverständnis von Jochen Greven vorgenommen. Für neue Funde und Erkenntnisse, die dabei verwendet werden konnten, ist besonders Herrn Bernhard Echte, Zürich, sowie der Veröffentlichung von Erich Unglaub «‹Feierabend› und ‹Brentano. Eine Phantasie› – Texte aus dem Umkreis der ‹Insel»› (Recherches Germaniques 10, 1980) zu danken.

ANMERKUNGEN

S. 7   *Im Bureau:* Dieses und andere Stücke des Bandes «Gedichte» weisen in der zweiten Auflage (1919) gegenüber der ersten (1909) kleine stilistische Änderungen auf, die in der Regel nicht vermerkt sind. Das gleiche gilt von Abweichungen gegenüber den frühen Einzeldrucken und dem Manuskript «Saite und Sehnsucht».

S. 7   *Langezeit:* In «Die Insel» (Juni 1900) und im Manuskript «Saite und Sehnsucht» unter dem Titel «Die Zeit ist lang». Ebenda und in der Ausgabe von 1909 haben alle drei Strophen zusätzlich den Kehrvers «die Zeit ist lang», mit Komma je am Schluß der vorhergehenden Zeile. – Langezeit, nach dem schweizerdeutschen «Langizit»: Sehnsucht, Heimweh.

S. 8   *Wintersonne:* In «Die Opale» (I, 1907) in zwei Sechszeiler geteilt. «Wintersonne» steht unter den acht im gleichen Heft dieser Zeitschrift erschienenen Gedichten von Walser an erster Stelle. Der Gedichtfolge sind als Motto die Verse vorangestellt: «Das nenn ich eine stille Nacht, / die keine Müh mit Sternen hat.»

S. 9   *Warum auch?:* In «Die Opale» (I, 1907) lauten die zwei vorletzten Zeilen, nach vorangehendem Punkt in der viertletzten: «Es muß, ja es muß etwas / geschehn – da überkam ihn ein Erwägen,».

S. 10   *Gebet:* In «Die Insel» (Juni 1900) und im Manuskript «Saite und Sehnsucht» unter dem Titel «Nacht».

S. 11   *Welt (I):* In «Die Insel» (Januar 1900) unter dem Titel «Glück» und ohne Strophengliederung. Ebenfalls ohne solche im Gedichtband von 1909. Letzteres gilt auch von den zwei folgenden Gedichten, «Helle» und «Brausen», ferner von «Sünde» (S. 19), «Müdigkeit» (S. 28) und «Gelassenheit» (S. 28 f.).

S. 13   *Brausen:* In «Die Opale» (1, 1907) unter dem Titel «Kein Halt».

S. 14   *Wie immer:* In «Der Bund» (8. 5. 1898) unter dem Titel «Kein Ausweg».

S. 15   *Schnee (I):* In «Die Insel» (Juni 1900) und im Manuskript «Saite und Sehnsucht» (wo der Titel «Schneien» lautet) sind die Verszeilen entsprechend der Reimordnung (schneit / weit; Erde / Beschwerde) zweihebig, also verdoppelt.

S. 16 *Schäferstunde:* In «Die Opale» (I, 1907) in vierzeilige Strophen geteilt.

S. 17 *Stille:* In «Die Insel» (Juni 1900) und im Manuskript «Saite und Sehnsucht» (wo der Titel «Die Stille» lautet) sind je die erste und die dritte Verszeile der beiden Strophen, entsprechend der Reimordnung, als zwei zweihebige gesetzt.

S. 18 *Weiter:* Im Manuskript «Saite und Sehnsucht» unter dem Titel «Immer weiter» (mit kleinen Abweichungen).

S. 20 *Weinenden Herzens:* In «Der lose Vogel» (1913, Heft 7) unter dem Titel «Jesus und die Armen» und mit der Jahresangabe 1895, die vermutlich von dem Herausgeber Franz Blei beigegeben wurde und sehr unsicher ist.

S. 22 *Am Fenster:* In «Der Bund» (8. 5. 1898) unter dem Titel «Immer am Fenster».

S. 22 *Beiseit:* In «Wiener Rundschau» (1. 8. 1899) lautet der Titel «Spruch», das letzte Wort «befreit».

S. 23 *Knabenliebe:* Im Manuskript «Saite und Sehnsucht» unter dem Titel «Bubenliebe» und mit den zusätzlichen Schlußzeilen: «Wer ist der junge Mensch, der sang? / Ich kenne ihn, er ist ein Schelm. / Er trägt gern kleine Lieder vor / und kniet vor kleinen Mädchen gern.»

S. 25 *Drückendes Licht:* In «Freistatt» (17. 12. 1904) unter dem Titel «Gedicht».

S. 26 *Bangen:* In «Wiener Rundschau» (1. 8. 1899), ferner in «Die Opale» (I, 1907) und in Zeitlers «Deutschem Almanach auf das Jahr 1907» sind die Verse, übereinstimmend mit der Reimordnung, als zweihebige gesetzt.

S. 28 *Gelassenheit:* In «Die Insel» (Oktober 1899) und im Manuskript «Saite und Sehnsucht» (hier ohne Strophenteilung) unter dem Titel «Beruhigung».

S. 41 *Das alles:* Diese beiden Zweizeiler finden sich im Manuskript «Saite und Sehnsucht» ohne Titel und mit auffällig großem Zwischenraum auf der linken Seite gegenüber dem folgenden Gedicht «Abendlied». Es ist unsicher, ob sie ein eigenes Gedicht darstellen sollen oder zusätzliche Verse zu «Abendlied» sind, die Walser in dieses einzufügen erwog (und zwar dann – der räumlichen Anordnung nach – am ehesten als erste und als fünfte Strophe).

S. 45 *Auf meine Sinne:* Diese beiden Strophen stehen ohne Titel und mit großem Zwischenraum auf einer linken Seite des Manuskripts. Ob sie tatsächlich ein Gedicht bilden (oder das Fragment eines solchen), ist unsicher.

S. 46 *Vergessen:* Im Manuskript sind die beiden zusätzlichen Schlußzeilen: «Erst gänzliches Vergessen ist / der Dinge und des Lebens Tod.» mit Bleistift nachträglich gestrichen.

S. 48 *Zukunft!:* Dieses früheste bisher bekanntgewordene Gedicht Robert Walsers wurde von diesem am 10. Juni 1897 an Robert Seidel, einen sozialistischen Politiker, Pädagogen und Schriftsteller, der zu dieser Zeit Redakteur der «Arbeiterstimme» war, gesandt. Walser stand mit ihm seit Frühjahr 1897 in Kontakt (vgl. die von Markus Bürgi und Katharina Kerr kommentierte Erstveröffentlichung von drei Briefen an Seidel und dieses Gedichts in «Robert Walser zum Gedenken», hg. von Elio Fröhlich und Robert Mächler, Zürich und Frankfurt a. M. 1976).

S. 49 *Meiner lieben Fanny!:* Dieser Eintrag in ein Album seiner damals vierzehnjährigen Schwester Fanny ist unterschrieben: «Von Deinem treuen Bruder Robert (gestr.: Zürich,) Biel, 30. Septb. 97.» (Im Besitz des Robert Walser-Archivs der Carl Seelig-Stiftung, Zürich).

S. 50 *Träume:* Dieses Oktober 1899 in der «Insel» erschienene Gedicht findet sich auch – ohne Strophenteilung – im Manuskript «Saite und Sehnsucht».

S. 50 *Feierabend:* Als Abschrift in einem Brief Franz Bleis an Otto Julius Bierbaum vom 6. August 1898 enthalten («Von einigen, die mir W. noch brachte, schreibe ich dieses ab:»). Im Besitz der Stadtbibliothek München; erstveröffentlicht von Erich Unglaub in «Recherches Germaniques», 10, 1980.

S. 51 *Lachen und Lächeln:* Ohne Titel im Manuskript «Saite und Sehnsucht» (mit «Doch» vor der letzten Zeile), in «Die Insel» (Oktober 1899) und als vorangestelltes Motto in der Sammlung «Aufsätze» (1913).

S. 51 *Für Fanny:* Widmungsgedicht für Robert Walsers jüngere Schwester, datiert März 1901. (Im Besitz des Robert Walser-Archivs der Carl Seelig-Stiftung, Zürich.)

S. 52 *Trauerspiel:* Das betreffende Drama, vermutlich ein japanisches, konnte nicht ausfindig gemacht werden.

S. 53 *Der Handharfer:* Nach dem Zweitdruck in «Prager Tagblatt»
(20. 11. 1927). Der Erstdruck in dem von Max Brod heraus-
gegebenen Jahrbuch «Arkadia» (Verlag Kurt Wolff, Leipzig,
1913) hatte den Titel «Handharfe am Tag» und den Schlußvers
«Schicksals drohende Gesten». – Handharfe ist die berndeut-
sche Bezeichnung für Zieh- oder Handharmonika.

S. 54 *Ich wanderte:* Als Motto ohne Titel in «Kleine Dichtungen»,
1914. Handschriftlich in einem anno 1904 oder 1905 Richard
Dehmel und seiner Frau gewidmeten Exemplar von «Fritz
Kocher's Aufsätzen», daselbst unter dem Titel «Wandertag!»
und mit drei abschließenden weiteren Versen (nach «Leid» mit
Komma): «den ich so traurig mit mir trug / und jetzt noch
trage, meilenweit: / des Schmerzes Ausgelassenheit.»

S. 63 *Heimkehr (II):* Eine vermutlich in dichterischer Freiheit dar-
gestellte Episode aus Walsers letzten Berliner Jahren, deren
Stimmung in anderen Texten sehr viel negativer wiedergege-
ben wird (vgl. Robert Mächler, «Das Leben Robert Walsers»,
1976, S. 91 f.). – Das Ms. hat den Titel «Traum». Walser hat ihn
wahrscheinlich auf dem Korrekturabzug, den er ausdrücklich
verlangt hatte, durch «Heimkehr» ersetzt; so jedenfalls lautet
der Titel in «Pro Helvetia». Eine Verszeile: «Blondes Haar und
blaue Augen», die im Manuskript der Zeile «Frühling hatte
goldne Blätter» vorausgeht, ist wohl ebenfalls von Walser
selber gestrichen worden.

S. 71 *Der Sonntag:* Die drittletzte Zeile variiert den bekannten Vers
des Liedes «Aufmunterung zur Freude» von Ludwig Hölty
(1748-1776): «O wunderschön ist Gottes Erde . . .» – In den
von Carl Seelig herausgegebenen «Unbekannten Gedichten»
ist «Der Sonntag» als veröffentlicht bezeichnet, jedoch ohne
Angabe von Ort und Zeit. Das im Robert Walser-Archiv,
Zürich, befindliche Manuskript trägt Vermerke, wonach das
Gedicht von einer Redaktion zum Druck bestimmt und be-
zahlt worden war. Indessen ließ sich die Veröffentlichung
nicht nachweisen.

S. 75 *Nach Zeichnungen von Daumier:* Mit Sicherheit konnten nur die
in den beiden letzten Strophen beschriebenen Zeichnungen
identifiziert werden. Der Mann im Vergnügungsboot ist
Nr. 16 der Lithographienfolge «Les canotiers Parisiens», mit

dem Bildtitel «Une rencontre désagréable», erschienen am 6. 7. 1843 in der Zeitschrift «Charivari» (Nr. 1038 im Katalogwerk «Honoré Daumier» von Loys Delteil, Paris 1925/26). Der eingeseifte Hahnrei ist Nr. 22 der Folge «Mœurs conjugales», erschienen im «Charivari» vom 5. 4. 1840 (Nr. 645 bei Delteil). Die zugehörige Legende lautet: «C'est ma femme!! oh! scélérate, pendant qu'on me fait la barbe, elle me fait la queue!» – Die erste Strophe bezieht sich wahrscheinlich auf den Holzschnitt «Le Poète de salon» auf S. 85 der «Physiologie du poète», von Sylvius, Paris 1841 (Katalognummer 306 in Arthur Rümanns «Honoré Daumier / Sein Holzschnittwerk», München 1914).

S. 76 *Apollo und Diana von Lukas Cranach:* In der Zeitschrift «Kunst und Künstler» (November 1920) ist zwischen das Gedicht eine Schwarzweiß-Reproduktion des betreffenden, im Kaiser-Friedrich-Museum zu Berlin befindlichen Gemäldes von Lukas Cranach eingefügt. Im Vordergrund einer romantischen Landschaft steht links Apollo, nackt, mit Bogen und Pfeilen in der gesenkten Linken. Rechts sitzt die ebenfalls nackte Diana auf einem am Boden liegenden Hirsch (nicht, wie es im Gedicht heißt, auf einem Reh). Vgl. «Apollo und Diana» in «Kleine Dichtungen», SW Bd. 4, S. 35.

S. 85 *Kann sie mich anders als glücklich wünschen:* Wen Walser mit den «zwei sehr uneinigen Grafen» im Baselbiet meint, ist ungewiß; Fehden zwischen Adeligen gab es im ehemaligen Fürstbistum Basel viele. – Büren an der Aare, Kleinstadt im Kanton Bern (vgl. das Prosastück «Büren», SW Bd. 16, S. 38). – Ungefähr zu gleicher Zeit wie in «Wissen und Leben» erschien das Gedicht auch in der zweiten Auflage (1925) von Albert Sergels Anthologie «Saat und Ernte».

S. 86 *Wie die Hügelchen lächelten:* Wie das vorhergehende Gedicht auch in «Saat und Ernte» erschienen.

S. 91 *Winter (I):* Johanna Siebel (1873-1939), Lehrerin und Schriftstellerin in Zürich, Verfasserin mehrerer Gedichtbände.

S. 92 *Frühling (II):* Walser absolvierte im Sommer 1903 die Füsilier-Rekrutenschule in Bern. Was es mit Herrn Deucher und den angedeuteten Vorgängen für eine Bewandtnis hat, ließ sich nicht ermitteln. Der damalige Bundesrat Adolf Deucher

(1831-1912) kam schwerlich in Berührung mit dem Rekruten Walser. – Die im Manuskript korrigierte dritte Strophe lautete ursprünglich: «Ich hatte nämlich damals einen Kameraden / zu hinterlisten unternommen, demnach ihm zu schaden.» – Der Kornhauskeller ist eine Gaststätte am Kornhausplatz in Bern.

S. 96 *Der Wald (II):* «. . . ein Maler malt' mich so»: Vielleicht eine Anspielung auf das von Karl Walser wahrscheinlich nach einer Photographie gemalte, verlorengegangene Bildnis des jungen Robert Walser. Eine Schwarzweiß-Wiedergabe erschien im Aprilheft 1914 von «Kunst und Künstler» als Illustration zu einem Essay Karl Schefflers über den Maler. Das Bild zeigte den Dichter in anmutiger Landschaft, allerdings auf einem Felsblock sitzend.

S. 98 *Festzug:* «Hier übersende ich Ihnen anläßlich des vor zwei Wochen stattgefundenen Berner Kostümfestes das Gedicht ‹Festzug›, dem ich eine Allgemeinbedeutung einzuhauchen bestrebt war.» (An Otto Pick, 17. 9. 1927) – «gleitete ein Haus vorbei»: die grammatische Eigenwilligkeit soll vielleicht das Absonderliche eines gleitenden Hauses unterstreichen oder die zeitliche Dehnung eines langsamen Gleitens versinnlichen.

S. 100 *Das Karussell:* Sein Vergnügen am Karussell äußert Walser auch in dem Brief an Frieda Mermet vom 22. 7. 1924: «Übrigens saß und lag ich neulichen Sonntags, Ottochen von Greyerzchen würde neulichen rügen, wie eine wahre Nonne sittsam im Baldachin bedeckten Carousselhäuschen; es ging himmlisch rund herum, und nachher aß ich eine Schweinswurst.»

S. 102 *Im Spital:* Auf Grund des Briefes an Frieda Mermet vom 6. April 1925, worin er für die an Ischias erkrankte Schwester Lisa Behandlungsratschläge gibt, läßt sich mutmaßen, daß Walser etwa zwei Jahre vorher mit einer Ischias im Spital lag. Vgl. das im August 1923 veröffentlichte Prosastück «Im Spital», SW Bd. 17, S. 32.

S. 103 *Schnee (III):* Knote, umgangssprachlich: Mensch mit groben Manieren.

S. 106 *Weihnachtsglocken:* Das Gedicht gehörte zu «Weihnachtsgeschichte I und II», offenbar am 15. Dezember 1928 an Otto Pick («Prager Presse») eingesandt, aber unveröffentlicht geblieben (vgl. SW Bd. 19, S. 438, und Anm. dazu).

S. 115 *Abend (IV):* Das Manuskript hat ein durchgestrichenes Komma nach dem Schlußpunkt und anschließend vier durchgestrichene Zeilen: «als ob in dir sich etwas wundern mag, / feinsinn'ge Sorge hegt, / hochaufgerichteter und präch't'ger Tag / langsam sich niederlegt.»

S. 119 *April:* Joachim Ringelnatz, eigentlich Hans Böttiger (1883–1934), humoristischer Dichter und Kabarettkünstler.

S. 120 *Kahnfahrt:* Das Manuskript hat vor den letzten vier Zeilen folgende vier durchgestrichene: «Die Worte sprangen von den Lippen / wie Turner in die Luft von Klippen. / Viel Lustigkeiten sind erlaubt, / wenn man an ihren Nutzen glaubt.» Vgl. das Prosastück «Kahnfahrt», SW Bd. 20, S. 49.

S. 123 *Schlaf wohl:* Das Manuskript hat eine durchgestrichene dritte Strophe: «Schlaf wohl, indes ich gehe, / damit im Lebenskampf ich stehe./Ein Zwerg nur bin ich im Vergleich mit diesen / sich vor mir bäumenden Gebirgesriesen.»

S. 126 *Annehmlichkeit des Klagens:* Im Manuskript ist der Titel korrigiert aus «Annehmlichkeit des Vergessens». Die viert- und die drittletzte Zeile sind durchgestrichen. Aber das Komma am Schluß der fünftletzten und der große Buchstabe am Anfang der zweitletzten sind stehengeblieben. Dies und der Sinnzusammenhang legten nahe, die beiden durchgestrichenen Zeilen aufzunehmen, wie es schon Seelig in «Unbekannte Gedichte» getan hat.

S. 129 *Familienleben:* Das Manuskript hat nach der letzten Zeile sieben durchgestrichene: «Viel Langeweil' kann mit dabei sein, / doch auch Int'resse, und den einen ging es gut, / sie prosperierten, während es den andern / Gliedern nicht glückte, sich beglückt zu sehn. / Wie schön ist es, zur Welt zu kommen / mit frommer und unschuld'ger Unverdientheit! / Einfach wird's Sterbenden ums furchtumschlossne Herz.»

S. 130 *Das Schöne:* Das Manuskript hat vor der zweitletzten Zeile die folgende durchgestrichene: «irgendwie sahen sie sich nämlich leer,»; ferner vor der letzten Zeile: «Empfindungslosigkeiten machen schwer.»

Hohe Schule: «. . . der nicht, wie Verdi, noch mit achtzig Jahren / mit einem Werk kam angefahren»: 1893 fand die Uraufführung der Oper «Falstaff» des im 80. Lebensjahr stehenden Komponisten statt.

S. 135 *Der Vollendete:* Im Manuskript gehen der letzten Zeile zwei durchgestrichene voraus: «Warum er sich schon lang im Stillen grollte? / Weil seine Pflicht ihm schien erfüllt zu sein?»

S. 138 *Der verlorene Sohn:* Vgl. «Die Geschichte vom verlorenen Sohn», SW Bd. 16, S. 204, ferner «Der verlorene Sohn», SW Bd. 19, S. 105.

S. 141 *Der Sänger Rizzio:* David Rizzio (um 1540-1566), Sänger, Günstling der Maria Stuart, von deren Gatten Darnley er ermordet wurde. – Im Manuskript steht «Rizio» – eine der falschen Namensschreibungen, die in den Prosastücken noch häufiger vorkommen und vielleicht der kapriziösen Absicht entsprangen, Bildungsmangel vorzutäuschen.

S. 142 *Pascin:* Jules Pascin, eigentlich Julius Pincas (1885-1930), Maler und Zeichner, aus Rumänien gebürtig, meist in Paris niedergelassen. Die Begegnung mit Walser in Berlin ist sonst nicht belegt. Walser kannte vermutlich den im August-Heft 1914 von «Kunst und Künstler» erschienenen Aufsatz von Karl Scheffler über Pascin. Dieser, der mit Vorliebe Prostituierte malte, wird darin «ein kleiner nachgeborener Watteau des Bordells» genannt.

S. 143 *Van Gogh:* «. . . und siehe, Herr Pick, auch ich beschwöre Gespenster, wie zum Beispiel diesen erschreckenden Zauberer Van Gogh, über den ich ein Gedicht schrieb, worin ich die abstoßende und zugleich imponierende, die prachtvolle und zugleich schmerzliche Art des Mannes zu charakterisieren versuchte. Hier in Bern gibt es nämlich zur Zeit eine Ausstellung, die sich auf diesen gewaltigen Malernamen bezieht.» (An Otto Pick, 5. 10. 1927). Vgl. «Das Van Gogh-Bild», SW Bd. 16, S. 344.

S. 144 *Der Berner Maler Albert Anker:* Anker, Maler in Ins, lebte von 1831 bis 1910. Walser an Otto Pick, 18. 4. 1931: «Anbei gestatte ich mir, Ihnen vier Gedichte einzusenden, worunter sich eins für den Maler Anker befindet, dessen hundertster Geburtstag in dieses Jahr fällt. Anker, den Sie vielleicht gar nicht kennen, da er nicht ein eigentlich Berühmter ist, war ein sogenannter Genremaler, im übrigen ein ungewöhnlich Gebildeter, Kultivierter.» Vgl. «Das Ankeralbum», SW Bd. 18, S. 240. In diesem Prosastück beschreibt Walser unter anderem das im Gedicht erwähnte Gemälde «Die kleine Freundin», das sich im Kunstmuseum Bern befindet.

Lindbergh: Charles Lindbergh (1902–1974), amerikanischer Flieger, überquerte 1927 als erster im Flugzeug den Atlantischen Ozean von New York bis Paris. Vgl. «Der Flieger», SW Bd. 19, S. 228.

S. 153 *Die Dame im Reitkleid:* Die «Herrin von Langenthal» (9. Verszeile) scheint eine fiktive Bezeichnung zu sein. Langenthal ist eine industriereiche Ortschaft im Kanton Bern.

S. 158 *Der bezauberte Gentleman:* Ein dieser Schilderung entsprechendes Bild von Albert Anker war nicht zu ermitteln.

S. 161 *Sonett auf eine Venus von Tizian:* Die in den Uffizien zu Florenz befindliche Venus von Urbino (im Auftrag des Herzogs von Urbino geschaffen). Walser, der es in solchen Dingen nicht sehr genau nahm, scheint das Sonett nach der Erinnerung oder nach einer Schwarzweißwiedergabe des Bildes gedichtet zu haben: die Haare sind nicht schwarz, sondern braun, das Sträußchen in der rechten Hand hat rote Blüten, und was der Dichter, vielleicht ironisch, als Altar bezeichnet, ist eine Truhe, in der eine Zofe kramt.

S. 165 *Die Zofe spricht zu ihrer Herrin:* Im Manuskript folgen auf die letzte Zeile vier durchgestrichene: «Nicht wahr, gnädigste Herzogin, / du siehst, wie ich betrogen bin, / ich in der Seele eine arme Leiche, / mein Mann verzichtet ganz auf alle dummen Streiche.»

S. 166 *Die Tänzerin Fuller:* Loïe Fuller (1862–1928), amerikanische Tänzerin, berühmt durch Experimente des Zusammenspiels von Bewegung, Farbe und Licht. Walser sah sie vermutlich in jungen Jahren, und als Mitarbeiter der «Insel» kannte er gewiß Julius Meier-Graefes Aufsatz über sie im April-Heft 1900 dieser Zeitschrift. Kennzeichnend für ihre Kunst findet Meier-Graefe, «dieses so gar nicht Sinnliche, dieses Seidenschleierhafte, zu dem unsere Begierden wie dressierte Köter gläubig aufschauen».

S. 170 *Renoir:* Das beschriebene Werk ist das im Folkwang-Museum in Essen befindliche Bildnis «Lise», ein Frühwerk von Renoir.

S. 171 *Genoveva:* Herzogin von Brabant, um 700. Unter der falschen Anklage des Ehebruchs zum Tode verurteilt, lebte sie nach der Legende sechs Jahre lang mit ihrem Söhnchen verborgen im Ardenner Wald, bis sich ihre Unschuld erwies und ihr Gatte sie heimholte. – Walser schrieb: «Genofeva».

Manon: Heldin des Liebesromans «Histoire du Chevalier des Grieux et de Manon Lescaut» von Abbé Antoine François Prévost d'Exiles (1697-1763).

S. 172 *Die Falsche:* Im Manuskript gehen den zwei letzten Zeilen zwei durchgestrichene voraus: «Wie eine ausgestorbne, ehmals reiche / Stadt sie sich hin- und herbewegte.»

S. 173 *Wie schön war's gestern:* Im Manuskript gehen den drei letzten Zeilen zwei durchgestrichene voraus: «‹Nein, Herrin will ich sein›, erwidert' sie, / ‹aufs bißchen Freundschaft möchte ich verzichten.›»

S. 181 *Gedicht auf Paul Verlaine:* Im Mikrogrammentwurf eines Gedichts aus dem Frühjahr 1925 stellt sich Walser parodierend als Verlaine-Übersetzer vor («Hier wird sorgsam übersetzt», «Aus dem Bleistiftgebiet», hg. von B. Echte und W. Morlang, Bd. 2, S. 355).

Rilke: Rilke starb am 29. Dezember 1926. Walser hat also das am 4. Januar 1927 in der «Prager Presse» erschienene Gedicht unmittelbar unter dem Eindruck der Todesnachricht geschrieben.

S. 182 *Georg Brandes:* G. B., eigentlich Cohen (1842-1927), einflußreicher dänischer Kritiker und Literarhistoriker («Hauptströmungen in der Literatur des 19. Jahrhunderts»). – In einem «Georg Brandes über Deutschland» überschriebenen Prosastückentwurf aus der Zeit 1925/26 paraphrasiert Walser ihn als politischen Publizisten (vgl. «Aus dem Bleistiftgebiet», Bd. 1, S. 259).

S. 183 *Kleist:* Kleist und der mit ihm befreundete Maler und Kupferstecher Heinrich Lohse wanderten zusammen im Dezember 1801 von Frankfurt am Main nach Basel. Infolge eines Streites reiste Lohse allein nach Bern weiter, wo sich die beiden wieder fanden. Das Vorhaben Kleists, gemeinsam mit Lohse ein Bauerngut am Thunersee zu bewirtschaften, blieb unausgeführt. Vgl. «Kleist in Thun» (SW Bd. 2, S. 70), ferner «Was braucht es zu einem Kleist-Darsteller?» (SW Bd. 15, S. 23) und «Kleist-Essay» (SW Bd. 19, S. 255).

S. 184 *Der beleidigte Korridor:* Offenbar ist Eduard Korrodi (1885-1955), der Feuilletonredaktor der «Neuen Zürcher Zeitung», gemeint. Briefen Walsers an Otto Pick (17. 5. 1927) und an Frieda Mermet (20. 9. 1927) ist zu entnehmen, daß Korrodi gelegentlich Arbeiten von Walser abgelehnt hatte, die dann in Prag erschienen waren, und daß er es verübelte, als Walser seinerseits der Aufforderung zu weiterer Mitarbeit nicht entsprach. Der Abdruck des Gedichtes in der «Prager Presse», für deren Leser es rätselhaft bleiben mußte, belegt, was Robert Walser später zu Seelig gesagt hat: «Mein bester Kunde war damals die vom tschechischen Staat finanzierte ‹Prager Presse›, deren Feuilletonredaktor Otto Pick alles von mir brachte, was ich schickte, auch Gedichte, die von anderen Zeitungen wie Bumerangs zurückflogen.» (Seelig, «Wanderungen mit Robert Walser», 1977, S. 13) Vgl. «Ein Geistreicher», SW Bd. 19, S. 26 und zugehörige Anmerkung.

S. 185 *Harden:* Maximilian Harden (1861-1927), Publizist, Kritiker der Wilhelminischen Epoche, Gründer und Leiter der Wochenschrift «Die Zukunft», in der einige Prosastücke von Walser erschienen sind. «Anläßlich des durch die Zeitungen gemeldeten, in der Schweiz erfolgten Ablebens des Schriftstellers Maximilian Harden entstanden mir beifolgende Verse, die Ihnen vielleicht dienlich sind . . .» (An Otto Pick, 1. 11. 1927) Vgl. Seelig, «Wanderungen mit Robert Walser», 1977, S. 21.

S. 186 *Hauff:* «Da am 18. ds. Mts. der hundertste Todestag von Wilhelm Hauff ist, wage ich Ihnen ein Lobgedicht auf diese so ungemein sympathische literarische Gestalt einzusenden . . .» (An Otto Pick, 14. 11. 1927)

S. 188 *Der Gefährte:* In dem Brief an Pick vom 9. 2. 1928, dem er die beiden Gedichte «Der Gefährte» und «Der Revolutionär» beilegte, bemerkt Walser, «daß mir zum Gefährten Herr Werfel gleichsam Modell gestanden ist . . .» Von Begegnungen zwischen Walser und Franz Werfel ist sonst nichts bekannt.

S. 189 *Der Revolutionär:* Die Fortsetzung der in der vorigen Anmerkung zitierten Briefstelle lautet: «. . ‹ und (daß) mir zum Revolutionär quasi Herr Hatvany zum Vorbild diente.» Der ungarische Industrielle, Schriftsteller und Literaturforscher Baron Lajos (Ludwig) Hatvany (1880-1961) war finanziell und geistig maßgebend an der avantgardistischen und radikalen Zeitschrift «Nyugat» («Westen») beteiligt, erregte Aufsehen mit dem kulturkritischen Buch «Die Wissenschaft des Nichtwissenswerten» (1908) und publizierte wie Walser in den Berliner Zeitschriften «Neue Rundschau» und «Die Zukunft». Als Emigrant bekämpfte er das Horthy-Regime, kehrte aber 1927 nach Ungarn zurück, wo er wegen Landesverrats verurteilt wurde.

S. 190 *Hermann Hesse:* Das Gedicht erschien in der «Prager Presse» vom 12. 8. 1928. Hesses 50. Geburtstag, auf den es Bezug nimmt, war jedoch im Jahr zuvor, am 2. 7. 1927. Der erwähnte Aufsatz Hesses über Walser ist die am 5. 9. 1909 im Sonntagsblatt der «Basler Nachrichten» und vermutlich etwa gleichzeitig auch im Berliner «Tag» erschienene Würdigung von «Fritz Kocher's Aufsätzen» und der drei Romane («Robert Walser», in «Über Robert Walser», hg. von Katharina Kerr, Erster Band, Frankfurt a. M. 1978, S. 52). Hesse besprach ferner «Poetenleben» in der «Neuen Zürcher Zeitung» vom 25. 11. 1917 (in dem eben erwähnten Band S. 57). Näheres über Walsers Verhältnis zu Hesse: Seelig, «Wanderungen mit Robert Walser», S. 17, und Mächler, «Das Leben Robert Walsers», 1976, S. 159 f. und 194.

S. 193 *Hamsun:* Der Roman «Hunger» von Hamsun erschien deutsch 1891, «Pan» 1895.

S. 196 *Couplet:* Die Motive dieses Gedichtes kommen in freier Abwandlung auch in dem Prosastück «Diskussion» vor (SW Bd. 18, S. 207). Da letzteres mehr als ein Jahr früher veröffentlicht wurde, darf man annehmen, das Gedicht sei nach ihm entstanden.

S. 202 *Eltern und Kinder:* Ein Rückblick des Dichters auf seine Jugend in Biel.

S. 204 *Im Städtchen mit den alten Türmen:* Nidau bei Biel, wo der Vater Robert Walsers von 1902 bis 1904 wohnte. Der Dichter besuchte ihn daselbst im Sommer 1903. Vgl. «Der neue Roman», SW Bd. 6, S. 93, wo allerdings vorausgesetzt zu sein scheint, daß bereits ein oder mehrere Romane vorliegen, wogegen das Gedicht – entsprechend der Lage um 1903 – die Aufforderung zu einer ersten Romanschöpfung schildert. (Walsers Mutter war bereits 1894 gestorben.)

S. 205 *Der Tändler:* Schlufi, schweizer-deutsch: nichtsnutziger, sich gehen lassender Mensch.

S. 207 *Der Roman:* Walser schrieb den Roman «Geschwister Tanner», auf den sich das Gedicht bezieht, innerhalb weniger Wochen in Berlin. Vgl. das Prosastück «Geschwister Tanner» in «Kleine Dichtungen» (SW Bd. 4, S. 127).

S. 209 *Der Archivar:* Robert Walser war 1921 eine Zeitlang Zweiter Bibliothekar des Staatsarchivs des Kantons Bern. Vgl. Mächler, «Das Leben Robert Walsers», 1976, S. 120 f.

Glosse: «Wer einer Schul' entsprang, die von Napoleon gegründet worden ist, wie ich»: Walser besuchte von 1888 bis 1892 das Progymnasium der Stadt Biel, das als Sekundarschule oder Collège im Jahr 1803 gegründet worden war zur Zeit, da Biel zu Frankreich gehörte (1798-1815). Vgl. «Was aus mir wurde», SW Bd. 15, S. 73.

S. 212 *Der Wanderer:* Von Carl Seelig in seine Neuausgabe der frühen «Gedichte» (Sammlung Klosterberg, Basel 1944) aufgenommen, aber stilistisch eindeutig den späten Gedichten zugehörig.

S. 214 *Ritterromantik:* Im Manuskript durchgestrichener Titel: «Der Ritter und seine Frau».

S. 218 *Der fünfzigste Geburtstag:* Die ungenannte Zürcher Freundin ist die in der Erzählung «Luise» (SW Bd. 5, S. 192), ferner die unter dem Namen Klara in den Romanen «Der Gehülfe» (SW Bd. 10, S. 132 ff.), und «Geschwister Tanner» (SW Bd. 9, S. 27 ff.) geschilderte Frau. Vgl. Mächler, «Das Leben Robert Walsers», 1976, S. 41.

S. 223 *Das Krankhafte:* Im Manuskript folgen der letzten Zeile vier durchgestrichene: «Wär' er in seiner Mißlichkeit gestorben, / so hätte er sich nicht sein Bild verdorben. / Wir leben, um nach einem Klang zu streben, / eine Bedeutung unsrem Sein zu geben.»

S. 226 *Der Rabe:* «. . . eine Reihefolge schöner Tage . . .», Anklang an den Spruch Goethes: «Alles in der Welt läßt sich ertragen, / nur nicht eine Reihe von schönen Tagen.» («Sprichwörtlich»)

S. 227 *Die kleinen Dinge:* Im Manuskript durchgestrichene Titel: «Weshalb lebt man?» und «Was ist der Sinn des Lebens».

S. 229 *Stell sie dir vor:* Im Manuskript durchgestrichener Titel: «Weibliches Schicksal».

S. 230 *Die Geprüfte:* Im Manuskript durchgestrichener Titel: «Verwandlung».

S. 234 *Die Gute:* Im Manuskript durchgestrichener Titel: «Wie Pflanzen». Ferner durchgestrichenes Komma am Schluß der letzten Zeile und anschließend drei durchgestrichene Zeilen: «daß Menschen sich ertragen, schlafen, wachen / können wie Pflanzen, die kein Wörtchen sagen, / wie sie zufrieden sind mit Nächten, Tagen.»
Das stolze Schweigen: Im Manuskript lautet die ursprüngliche (durchgestrichene) Fassung der drittletzten Zeile: «antwortete er ihr mit einem nein.» – Keine inhaltliche Beziehung zu dem gleichbetitelten Prosastück in SW Bd. 19, S. 142.

S. 236 *Die Frau mit dem Gefieder:* Im Manuskript drei durchgestrichene Titel: «Jetzt ist es anders», «Es wurde anders», «Noch seh' ich sie».

S. 237 *Er war nicht nett:* Im Manuskript folgen der letzten Zeile, sie ergänzend, die durchgestrichenen Worte: «Sie ist ein bißchen, na,», hierauf drei durchgestrichene Zeilen: «wie soll man sagen, dumm. Er liebt ihr Kichern / und kann nicht weinen, und sie nahm sich vor, / ihn dann erst zu begnadigen, sobald er weine.»

S. 239 *Der Verfeinerte:* Im Manuskript durchgestrichener Titel: «Der Literat».

S. 240 *Wer darf sagen, er kenne das Dasein!:* Das Gedicht erschien auch in der zweiten Auflage der Anthologie «Saat und Ernte» (1925), zusammen mit den Gedichten «Kann sie mich anders als glücklich wünschen» und «Wie die Hügelchen lächelten».

S. 247 *Nungesser:* Charles Nungesser, geb. 1892 in Paris, Jagdflieger im Ersten Weltkrieg, 1926 zusammen mit Coli beim ersten Versuch, von Frankreich nach Amerika zu fliegen, im Nordatlantik verunglückt. Walser, an Otto Pick, 1. 7. 1927: «. . . hinwiederum bilde ich mir vielleicht unbegründetermaßen ein, Ihnen mit einem Nungessergedicht eine Art Vergnügen zu bereiten, worin womöglich statt Meeres*schlunde*: Meeres*grunde* gesagt werden könnte.» – Keib (Aas), schweizerdeutsch Cheib: vielgebrauchtes Scheltwort. – Vgl. das Prosastück «Das Drama» in SW Bd. 19, S. 226.

S. 251 *Kennst du sie?*: Im Manuskript folgt der zweiten Strophe, die ursprünglich mit einem Komma schloß, eine durchgestrichene: «die mir nun schon seit Jahren, / wo du vor ihr erregt noch bist, / mit dunklen langen Haaren / Vertraute ist?» Die letzte Zeile der vorletzten Strophe lautete ursprünglich: «ließ sie den Nächtlichen mich sein.»

S. 252 *Die Zeitung:* Im Manuskript folgen auf die vorletzte Zeile drei, mit Ausnahme der vier letzten Worte, durchgestrichene Zeilen: «mir eine Ausgeglichenheit am Arme hing, / ähnlich einer belebenden Begleitung. / Gehend, entfaltete ich eine Zeitung.» – Vgl. das im Manuskript auf dem gleichen Blatt stehende, gestrichene Gedicht «Auf einem Hügel», in dem die gleichen Erlebniseindrücke wiederkehren.

S. 258 *Das Rachesonett:* Saurer Mocken, schweizerdeutsch: saurer Braten.

Delacroix: Das beschriebene Bild konnte nicht ermittelt werden. Möglicherweise liegt dem Gedicht eine vage Erinnerung an das im Louvre befindliche Gemälde: «Die Freiheit führt das Volk» zugrunde.

S. 263 *Dichtung:* Wie die folgenden drei Gedichte ist dieses in dem Manuskriptheft «Drittes Buch. Saite und Sehnsucht» nachträglich mit Bleistift gestrichen worden.

S. 265 *Seine Gedichte:* (1929/)1930 schrieb Walser gelegentlich zwei Gedichte auf das gleiche Blatt des relativ großformatigen Papiers, das er in dieser Zeit benutzte. In einigen Fällen wurde dann eines der beiden Gedichte nachträglich wieder durchgestrichen – so in diesem und den fünf folgenden. – Auf welchen Dichter sich Walser hier bezieht, konnte nicht ermittelt werden.

Auf einem Hügel: Dieses Gedicht steht im Manuskript auf demselben Blatt wie «Die Zeitung» (S. 252) und stellt eine Art Variation dazu dar.

ALPHABETISCHES VERZEICHNIS
DER GEDICHTTITEL

1878

15. April: Robert Otto Walser als siebtes von acht Kindern des Buchbinders und Kaufmanns Adolf Walser und seiner Frau Elisa, geb. Marti, in Biel, Kanton Bern, geboren.

1884 - 1892

Volksschule und Progymnasium in Biel. Allmählicher Niedergang der väterlichen Geschäfte. Gemütserkrankung der Mutter.

1892 - 1895

Lehrzeit bei der Bieler Filiale der Berner Kantonalbank.

22. Oktober 1894: Tod der Mutter. Ab 1894 Theaterbegeisterung, Mitwirkung im Bieler Dramatischen Verein, Träume von einer Schauspielerlaufbahn.

1895

April - August: in Basel. Dort Wohnung bei Verwandten, Anstellung als Sekretär bei einer Spedition und Bank.

Ab September: in Stuttgart. Zusammenleben mit dem Bruder Karl in einer Gesellenherberge, Anstellung bei der »Union« Deutsche Verlagsgesellschaft bzw. beim Verlag Cotta. Scheitern der schauspielerischen Hoffnungen.

1896

Bis Ende September: in Stuttgart. Fußwanderung zurück in die Schweiz. Wohnung Zürich, Zeughausstraße 3, Anstellung als Hilfsbuchhalter bei einer Versicherung.

1897

In Zürich. Umzug in den Zeltweg 64, dann in die Zurlindenstraße 49. Begeisterung für den Sozialismus. Frühestes erhaltenes Gedicht.

Ende November: Kündigung der Anstellung, erste Reise nach Berlin.

Anfang Dezember: wieder in Zürich, Wohnung in einer Mansarde Aemtlerstraße 106. Viele Gedichte entstehen.

1898

8. Mai: Erste (anonyme) Veröffentlichung einiger Gedichte durch J.V. Widmann im »Sonntagsblatt des Bund«, Bern. Daraufhin Bekanntschaft mit Franz Blei.

Spätherbst: Wohnung in einer Mansarde auf dem Zürichberg, Vogelsangweg 1. Weitere Gedichte.

1899

Januar - (vermutlich) September: in Thun; dort verschiedene Anstellungen.

Ab März: Niederschrift der vier frühen Dramolette.

Mai/Juni: möglicherweise kurzer Aufenthalt in München.

Juli: erstes Prosastück (»Der Greifensee«) im »Sonntagsblatt des Bund«.

August: Gedichte in der »Wiener Rundschau«.

Oktober: in Solothurn; Angestellter der dortigen »Hülfskasse«. Gedichte in der Zeitschrift »Die Insel«.

1900

Bis April in Solothurn, anschließend vermutlich vor allem in Biel und Zürich. Gedichte und Dramolett »Dichter« in der »Insel«.

Ab Ende November: Aufenthalt in München.

1901

Januar: in der Schweiz, wahrscheinlich Zürich.

Juli: erneute Reise nach München.

August/September: sechs Wochen in Berlin, anschließend wieder in München.

Mitte Oktober: Rückkehr nach Zürich.

In München Umgang u. a. mit A. W. Heymel, R. A. Schröder, O. J. Bierbaum, Max Dauthendey, Frank Wedekind, Alfred Kubin, Marcus Behmer. Veröffentlichungen in der »Insel«.

1902

Januar: Reise nach Berlin, enttäuschte Rückkehr.

Februar – April: Aufenthalt bei der Schwester Lisa in Täuffelen am Bielersee. Anschließend in Zürich, Wohnung Spiegelgasse 23. Zeitweilig Arbeit in einer Schreibstube für Stellenlose.

»Fritz Kochers Aufsätze«, »Der Commis«, »Ein Maler« in Fortsetzungen im »Sonntagsblatt des Bund«, weiteres in der »Insel«.

1903

März – Juni: in Winterthur als Angestellter einer Elastikfabrik, anschließend sechswöchige Rekrutenschule in Bern.

Juli: in Zürich, Froschaugasse 18.

Ende Juli – Dezember: als »Gehülfe« bei dem Techniker/Erfinder Carl Dubler in Wädenswil am Zürichsee.

Nur eine Veröffentlichung im »Sonntagsblatt des Bund«.

1904

Januar: in Zürich, zunächst Froschaugasse 18, dann Trittligasse 6, ab Juni Frankengasse 24, ab Juli Schipfe 43. Anstellung bei der Kantonalbank. Zusammenstellung des ersten Buches »Fritz Kochers Aufsätze« (erscheint im Dezember im Insel-Verlag, Leipzig).

November: Militär-Wiederholungskurs in Bern.

Wenige Veröffentlichungen neben dem Buch.

1905

Ende Februar: Kündigung bei der Kantonalbank.

Nach Aufenthalt in Biel Ende März: Aufbruch nach Berlin. Woh-

nung beim Bruder, dem Maler Karl Walser. Im Sommer vorüberge-
hend in der Schweiz. Wieder in Berlin. Besuch einer Dienerschule.
Oktober – Dezember: Diener auf Schloß Dambrau, Kreis Falken-
stein, Oberschlesien.
Einige Veröffentlichungen in Zeitschriften.

1906
In Berlin. Durch Karl Walser Bekanntschaft u. a. mit den Verlegern
Samuel Fischer und Bruno Cassirer. Wohl auf Anregung des letzteren
in sechs Wochen Niederschrift des Romans »Geschwister Tanner«,
der von Christian Morgenstern lektoriert wird.
September/Oktober: Niederschrift eines zweiten Romans; er wird
trotz Morgensterns Empfehlung abgelehnt und wahrscheinlich von
Walser vernichtet.

1907
In Berlin. Februar: »Geschwister Tanner« erscheint bei Bruno Cassi-
rer. Vorübergehend Tätigkeit als Sekretär der Berliner Sezession, de-
ren Geschäftsführer der Kunsthändler Paul Cassirer ist. Bekanntschaft
mit vielen Persönlichkeiten des Berliner Kultur-, speziell Theaterle-
bens, auch mit Walther Rathenau.
Im Sommer: Bezug einer Wohnung in Charlottenburg, Wilmersdor-
fer Straße 141. Niederschrift des Romans »Der Gehülfe«.
Zahlreiche Veröffentlichungen in vor allem Berliner Zeitschriften,
zumal der »Schaubühne«.

1908
In Berlin. Frühjahr: »Der Gehülfe« erscheint bei Bruno Cassirer.
April – September: in der Atelierwohnung des Bruders Karl am
Schöneberger Ufer 40, während dieser nach Japan reist.
Im Frühsommer: Teilnahme an einer Freiballonfahrt von Bitterfeld
an den Ostseerand.
Sommer/Herbst: Niederschrift des Romans »Jakob von Gunten«.
Ende des Jahres: Erscheinen der »Gedichte« in einer bibliophilen
Ausgabe bei Bruno Cassirer (Druckvermerk: 1909).
Zahlreiche Veröffentlichungen in der »Schaubühne«, der »Neuen
Rundschau«, der »Zukunft«, dem »Simplicissimus«, »Kunst und
Künstler« und weiteren Blättern, auch Zeitungsfeuilletons.

1909
In Berlin. Frühjahr: Wohnung Kaiserdamm 96 in Charlottenburg.
Mai: »Jakob von Gunten« erscheint bei Bruno Cassirer.
Veröffentlichungen in Zeitschriften zurückgehend.

1910
In Berlin. Frühjahr: in Karl Walsers Wohnung am Kurfürstendamm
29. Kurze Reise nach Rügen.
Sommer/Herbst: Rückzug in ein Zimmer in einem abgelegenen

Haus am Spandauer Berg 1. Vermutlich Arbeit an weiteren Roman-vorhaben, die schließlich scheitern. Nur wenige Veröffentlichungen.

1911

In Berlin. Tätigkeit als eine Art Sekretär für die Hauseigentümerin, die dafür freie Kost und Logis gewährt.

Wenige Veröffentlichungen.

1912

In Berlin. Wohnung weiter am Spandauer Berg 1 (die Hauseigentü-merin stirbt jedoch Ende September). Suche nach Verlagen für Sammlungen kleiner Prosa. »Aufsätze«, schließlich auch »Geschich-ten« von Ernst Rowohlt/Kurt Wolff, Leipzig, angenommen.

Wieder häufigere Veröffentlichungen in Zeitschriften, u. a. nun den »Rheinlanden«, und in der »Vossischen Zeitung«.

1913

März: Rückkehr in die Schweiz.

Bis Mai/Juni: Aufenthalt bei der Schwester Lisa in Bellelay im Ber-ner Jura. »Aufsätze« erscheinen bei Kurt Wolff.

Sommer: Nach vorübergehender Unterkunft in dem Haus in Biel, in dem auch sein Vater wohnt, bezieht Walser eine Mansarde im Bieler Hotel Blaues Kreuz, seine Wohnung für die kommenden sieben Jahre. Beginn der Freundschaft mit Frieda Mermet in Bellelay.

Zahlreiche Zeitschriftenveröffentlichungen, besonders in »Die Rheinlande«.

1914

In Biel. 9. Februar: Tod des Vaters.

Frühjahr: Vorbereitung der Sammlung »Kleine Dichtungen«, für die Walser auf Vorschlag Wilhelm Schäfers und Hermann Hesses im Sommer einen Preis des »Frauenbundes zur Ehrung rheinländischer Dichter« erhält.

Sommer: Erscheinen der »Geschichten« bei Kurt Wolff.

Nach Ausbruch des Ersten Weltkriegs: 5. August – 4. September Mi-litärdienst in Erlach, 21. September – 13. Oktober in St. Maurice. Am Jahresende: Reise nach Leipzig, um die für den »Frauenbund« herge-stellte Erstauflage der »Kleinen Dichtungen« zu signieren.

Zahlreiche Veröffentlichungen in Zeitschriften, u. a. nun auch in »Die weißen Blätter«, in »März«, im »Neuen Merkur«, ferner in der »Neuen Zürcher Zeitung«.

1915

In Biel. Anfang Januar: Besuch bei Karl Walser in Berlin. »Kleine Dichtungen« erscheint bei Kurt Wolff.

Militärdienste: 6. April – 13. Mai in Cudrefin, 6. Oktober – 3. Dezem-ber in Wiesen.

Viele Veröffentlichungen, u. a. in der »Schweiz« und im »Schweizerland« sowie in der »Neuen Zürcher Zeitung«, im »Bund«, Bern, und in der »Vossischen Zeitung«, Berlin.

1916

In Biel. Sommer: Anfragen der Schweizer Verlage Huber und Rascher bei Walser.

September: Manuskript »Der Spaziergang« für Huber abgeschlossen.

Oktober: Abschluß der Sammlung »Prosastücke«, die Ende November (mit Druckvermerk 1917) bei Rascher erscheint. Plan eines Bandes mit den frühen Dramoletten (erst 1919/20 realisiert).

17. November: Tod des Bruders Ernst in der Nervenheilanstalt Waldau bei Bern.

Zahlreiche Veröffentlichungen, überwiegend in der Schweiz.

1917

In Biel. Frühjahr: Zusammenstellung der Sammlung »Kleine Prosa«, die im April bei A. Francke in Bern erscheint. Ein weiterer Band »Studien und Novellen« findet keinen Verleger (er geht - nach Überarbeitung der Texte - später in »Seeland« auf).

April: Erscheinen des »Spaziergangs« bei Huber & Co, Frauenfeld.

Mai: Zusammenstellung der Sammlung »Poetenleben«, die im November (mit Druckvermerk 1918) bei Huber erscheint.

16. Juli - 8. September: Militärdienst im Tessin und im Misox.

Neben den in die Bücher aufgenommenen neuen Texten zahlreiche weitere Veröffentlichungen, besonders in Schweizer Zeitungen.

1918

In Biel. Januar: Abschluß des Manuskripts »Seeland«, das der Rascher Verlag, Zürich, annimmt.

18. Februar - 16. März: Militärdienst in Courroux.

Mai: Abschluß des Manuskripts für einen Prosaband »Kammermusik« (nicht erschienen).

Winter: Arbeit an dem Roman »Tobold«.

Häufigere Veröffentlichungen in der »Neuen Zürcher Zeitung«, daneben nur noch in den »Rheinlanden«.

1919

In Biel. März: Roman »Tobold« fertiggestellt (nie erschienen, Manuskript möglicherweise 1920 von Walser vernichtet).

1. Mai 1919: Selbstmord des Bruders Hermann, Geographieprofessor in Bern.

Bei Bruno Cassirer, Berlin, erscheint eine 2. Auflage der »Gedichte«.

November/Dezember: Zusammenstellung mehrerer kleiner Prosasammlungen (u. a. »Mäuschen«, »Liebe kleine Schwalbe« – alle nicht erschienen).

Viele Veröffentlichungen in deutschen und schweizerischen Zeitschriften und Zeitungen; trotzdem Äußerungen akuter Geldnot.

1920

In Biel. »Seeland« erscheint in einer bibliophilen Ausgabe bei Rascher (Druckvermerk: 1919), der Band »Komödie« mit den frühen Dramoletten bei Bruno Cassirer (ebenfalls Druckvermerk 1919).
8. November: Leseabend in Zürich.
Zahlreiche Veröffentlichungen in Zeitungen und Zeitschriften. Infolge der Zeitumstände erreichen Honorare aus Deutschland Walser jedoch z.T. nicht (und fallen später der Inflation zum Opfer).

1921

Januar: Übersiedlung nach Bern, Wohnung Murifelweg 14. Antritt einer Stellung als zweiter Bibliothekar am kantonalen Staatsarchiv.
Frühjahr: Aufgabe der Anstellung. (Ev. zuvor:) Erbschaft von 5.000 Franken seitens des Bruders Hermann.
Sommer/Herbst: Arbeit an dem Roman »Theodor« (im November abgeschlossen, nur Teilabdruck erhalten).
November: Umzug in die Manuelstraße 72.
Dezember: Walser erhält vom Schweizerischen Schriftsteller-Verein aus dessen Werkbeleihungskasse ein Darlehen von 1.500 Franken auf »Theodor«.
Viele Veröffentlichungen in schweizerischen und deutschen Zeitungen und Zeitschriften.

1922

In Bern. Februar: Umzug in die Manuelstraße 3.
8. März: Vorlesung aus dem Roman »Theodor« in Zürich, anschließend bei dem Maler Ernst Morgenthaler in Wollishofen zu Gast.
März/April: Walser tritt dem Schweizerischen Schriftstellervein bei, der sich in die (vergebliche) Verlagssuche für den Roman »Theodor« einschaltet.
April: Umzug in die Kramgasse 19. Erbschaft von 10.000 Franken vonseiten eines Basler Onkels.
Wenige Veröffentlichungen, fast ausschließlich in der »Neuen Zürcher Zeitung«.

1923

In Bern. Juni: Spitalaufenthalt wegen Ischias.
Herbst: Fußwanderung nach Genf.
Sehr wenige Veröffentlichungen in ausschließlich Schweizer Zeitungen und Zeitschriften.

1924

In Bern. März/April: Längere Bemühungen des Grethlein Verlags, Leipzig und Zürich, um eine Übernahme von Werken Walsers scheitern an dessen Honorarforderung und abweisendem Verhalten.
Mai: Umzug in die Fellenbergstraße 10.

22. Juli: Walser erklärt seinen Austritt aus dem Schweizerischen Schriftsteller-Verein.

Sommer/Herbst: Zusammenstellung der Sammlung »Die Rose« für den Ernst Rowohlt Verlag, Berlin. Ankündigung auch eines Gedichtbandes, der nicht erscheint.

November: Umzug in die Gerechtigkeitsgasse 51, nach einem Monat in die Junkerngasse 29.

November/Dezember: »Die Rose«, das letzte Buch Walsers, erscheint bei Rowohlt (Druckvermerk: 1925).

Wieder wachsende Zahl von Veröffentlichungen in Zeitungen und Zeitschriften. Zusätzlich liegen aus diesem Jahr erstmals unveröffentlichte Entwürfe, darunter nun auch wieder viele Gedichte, vor.

1925

In Bern. Februar: Wohnung Thunstraße 21.

April: Gerechtigkeitsgasse 29.

April/Mai: Niederschrift der »Felix«-Szenen (im Entwurf liegengelassen).

Juli/August: Niederschrift des »Räuber«-Romans (im Entwurf liegengelassen).

September: Umzug in die Thunstraße 20.

Vermutlich Sommer/Herbst: Zusammenstellung einer nicht erschienenen Prosasammlung (Verhandlungen mit dem Orell Füssli Verlag, Zürich).

Dezember: Umzug an den Elfenauweg 41.

Sehr viele Veröffentlichungen, jetzt auch wieder Gedichte, in Zeitungen, von nun an besonders in der »Prager Presse«, dem »Prager Tagblatt« und dem »Berliner Tageblatt«, sowie einigen Zeitschriften. Noch mehr Arbeiten bleiben in Reinschriften oder Entwürfen unveröffentlicht.

1926

In Bern. Mai: Wohnung Junkerngasse 26.

Juni: Gerechtigkeitsgasse 50.

August: Umzug in die Kramgasse 32, nach zwei Wochen in die Luisenstraße 14. Dies bleibt für die folgenden rund zweieinhalb Jahre Walsers letzte Wohnadresse in Bern.

Im Oktober Niederschrift des sog. »Tagebuch«-Fragments (letzte größere Prosaarbeit, unveröffentlicht geblieben).

10. November: Walser-Texte und Gedichte werden in einer Radiosendung des Senders Zürich-Höngg vorgetragen.

Außerordentlich viele Abdrucke von Prosastücken und Gedichten, vor allem in der »Prager Presse« und im »Berliner Tageblatt«, aber auch in der »Frankfurter Zeitung«, der »Neuen Zürcher Zeitung«, der »Literarischen Welt« und einigen Zeitschriften. Daneben viele unveröffentlichte Arbeiten und Entwürfe.

1927

In Bern. Winter/Frühjahr: vergebliche Verhandlungen mit einem Wiener Verlag über einen Prosaband.

Sommer/Herbst: vergebliche Verhandlungen mit dem Paul Zsolnay Verlag, Wien, über einen Gedichtband.

Zahl der Veröffentlichungen im Vergleich zum Vorjahr stark zurückgehend, aber noch immer beträchtlich. Im Mai fordert das »Berliner Tageblatt« Walser auf, ein halbes Jahr nichts einzusenden, druckt aber bald wieder Beiträge von ihm. Viele unveröffentlichte Manuskripte und Entwürfe.

1928

In Bern. 15. April: 50. Geburtstag Robert Walsers, nur in wenigen Zeitschriften und Zeitungen knapp gewürdigt.

Veröffentlichungen etwa wie im Vorjahr, daneben sehr viele unveröffentlichte Manuskripte und Entwürfe.

1929

In Bern. Zweite Januarhälfte: Schwere psychische Krise, auffälliges Verhalten Walsers. Die von den Vermieterinnen gerufene Schwester Lisa begleitet ihn zu einem Psychiater. Von diesem beraten, sucht er am 25. Januar die Heilanstalt Waldau bei Bern auf, wo Schizophrenie diagnostiziert wird. In der Anstalt nach längerer Pause Wiederaufnahme der literarischen Arbeit (vor allem Gedichte) und der Korrespondenz mit Redaktionen; (letzte Berner Wohnung als Adresse).

Wenige Veröffentlichungen (überwiegend im zweiten Halbjahr). Größere Zahl unveröffentlichter Manuskripte und Entwürfe.

1930

In der Heilanstalt Waldau. März: Walser erhält ein Einzelzimmer, wird jedoch auf seinen Wunsch in den Wachsaal zurückverlegt. Fortsetzung der literarischen Arbeit und des Verkehrs mit Redaktionen, jedoch in – gegenüber früheren Jahren – stark reduziertem Umfang. Nicht sehr viele Veröffentlichungen. Eine Reihe unveröffentlichter Arbeiten.

1931

In der Heilanstalt Waldau. Ende des Jahres Bezug eines Zweibettzimmers. Vermutlich gelegentliche Besuche in Bern (z. B. zu Theateraufführungen). Offenbar wieder zunehmende literarische Produktivität, die sich auch in häufigeren Veröffentlichungen (besonders im »Berliner Tageblatt«) niederschlägt. Daneben größere Zahl von unveröffentlicht gebliebenen Arbeiten in Reinschrift oder Entwurf.

1932

In der Heilanstalt Waldau. Zahl der Veröffentlichungen (die zum Teil noch auf Jahre zurückliegende Einsendungen zurückgehen) abnehmend, auch weniger unveröffentlicht liegengelassene Arbeiten.

1933

In der Heilanstalt Waldau. Januar-Mai: weiterhin eingeschränkte Fortsetzung der literarischen Arbeit und der Bemühungen um Veröffentlichungen (nur in der »Neuen Zürcher Zeitung« und, zum Teil auf frühere Einsendungen zurückgehend, in den Prager Zeitungen).

Februar: Vertragsabschluß über eine Neuauflage des Romans »Geschwister Tanner« bei Rascher, Zürich.

Mai/Juni: Der neue Direktor der Waldau will im Zug einer Reorganisation die leichteren Fälle entlassen bzw. in Heimpflege auf Bauernhöfe geben. Das letztere lehnt Walser für sich ab. Weigerung seiner Geschwister, die Sorge für ihn zu übernehmen.

19. Juni: gegen seinen Willen und unter Anwendung körperlicher Gewalt wird Walser in die Heilanstalt seines formellen Heimatkantons Appenzell-Außerrhoden in Herisau verlegt.

1934-1956

In der Anstalt Herisau. Rückzug in ein angepaßtes Patientendasein, Verweigerung weiterer schriftstellerischer Arbeit; von solcher wurden auch keine Spuren aufgefunden.

Juli 1936: erster Besuch des Zürcher Schriftstellers und Journalisten Carl Seelig (1894-1962) bei Walser. Er unternimmt in der Folgezeit viele Wanderungen mit ihm, beschafft Geldmittel, schreibt über ihn und wird sein Herausgeber (Auswahlen »Große kleine Welt«, 1937, und »Stille Freuden«, 1944, Auszüge »Vom Glück des Unglücks und der Armut«, 1944, Neuausgaben »Gedichte«, 1943/44, und »Jakob von Gunten«, 1950, fünfbändige Sammelausgabe »Dichtungen in Prosa« ab 1953; ferner der über die geführten Gespräche berichtende Band »Wanderungen mit Robert Walser«, 1957).

28. September 1943: Tod des Bruders Karl Walser in Bern.

7. Januar 1944: Tod der Schwester Lisa Walser in Bern.

26. Mai 1944: Übernahme der Vormundschaft durch Carl Seelig.

Buchausgaben neben den von Carl Seelig besorgten: Neuausgabe »Der Gehülfe« (1936), Auswahl »Dichterbildnisse« (1947).

Walser zeigt für die Rezensionen kaum Interesse, ebensowenig für Würdigungen, die zu seinem 65., 70. und 75. Geburtstag erscheinen, oder für die erste kleine Monographie »Robert Walser der Poet« von Otto Zinniker (1947).

25. Dezember 1956: Tod des 78jährigen Robert Walser auf einem allein unternommenen Spaziergang in der Schneelandschaft bei Herisau.

INHALT

Jahreszahlen in eckiger Klammer bezeichnen die erschlossene Entstehungszeit. «Unveröffentlicht» bedeutet: nicht von Walser selber veröffentlicht.

Aus «Saite und Sehnsucht»

Nachlese

GEDICHTE AUS DER BIELER ZEIT
1919/20

Frauen

Literatur

Selbstschau

Wer darf sagen, er kenne das Dasein!

Robert Walser
Sämtliche Werke in Einzelbänden

Robert Walser
im Suhrkamp und im Insel Verlag

Sämtliche Werke in zwanzig Bänden. Herausgegeben von
Jochen Greven. 20 Taschenbücher in Kassette. 5593 Seiten.
Die Bände sind auch einzeln lieferbar.

**Aus dem Bleistiftgebiet. Mikrogramme aus den Jahren
1924-1933.** Sechs Bände in Kassette. Im Auftrag des Robert
Walser-Archivs der Carl Seelig-Stiftung/Zürich herausge-
geben von Bernhard Echte und Werner Morlang.
Leinen im Schuber. Die Bände sind auch einzeln zu beziehen.
- Band 1 und 2: Mikrogramme aus den Jahren 1924–1925.
  Zwei Bände. 672 Seiten. Gebunden
- Band 3: Räuber-Roman, Felix-Szenen. 280 Seiten. Gebunden
- Band 4: Mikrogramme aus den Jahren 1926–1927.
  531 Seiten. Gebunden
- Band 5 und 6: Mikrogramme aus den Jahren 1925–1933.
  Band 5: Prosa. Band 6: Gedichte und Dramatische Szenen.
  Zwei Bände im Schuber. 840 Seiten. Gebunden

Aus dem Bleistiftgebiet. Mikrogramme 1924–1933. Sechs
Bände im Schmuckschuber. Im Auftrag des Robert Walser-
Archivs der Carl Seelig-Stiftung/Zürich herausgegeben von
Bernhard Echte und Werner Morlang. 2935 Seiten. Broschiert

Einzelausgaben

Berlin gibt immer den Ton an. Kleine Prosa aus und über
Berlin. Herausgegeben von Jochen Greven. it 3212. 179 Seiten

Dichteten diese Dichter richtig? Eine poetische Literatur-
geschichte. Herausgegeben von Bernhard Echte. it 2789.
382 Seiten.

Europas schneeige Pelzboa. Texte zur Schweiz. Herausge-
geben von Bernhard Echte. Mit Abb. 350 Seiten. Gebunden

Feuer. Unbekannte Prosa und Gedichte. Herausgegeben von
Bernhard Echte. 120 Seiten. Bütten-Broschur. st 3681.
142 Seiten